本教材获浙江特殊教育职业学院教材

智力与发展性障碍儿童律动与游戏

俞 念 · 主编

化学工业出版社

·北京·

内容简介

　　本书全面介绍了智力与发展性障碍儿童律动与游戏的教学方法和策略。阐述了智力与发展性障碍儿童的动作和感知觉能力发展特点，为律动与游戏的设计与实施提供了科学依据。结合音乐要素，书中编排了"大脑体操"和"律动游戏"两大板块内容，旨在促进儿童粗大动作与精细动作的发展，并提升他们的社会性互动能力。此外，本书还强调了教师在智力与发展性障碍儿童教学中的角色与支持作用，提出了适宜的教学策略和方法。同时，介绍了多种教辅具的类型、特点及其在律动与游戏中的应用，为教学实践提供了有力支持。

　　本书既可作为高校特殊教育专业的教学用书，也可作为一线特殊教育教师的参考书，对于提升智力与发展性障碍儿童的教学质量具有积极的指导意义。

图书在版编目（CIP）数据

智力与发展性障碍儿童律动与游戏 / 俞念主编.
北京 ： 化学工业出版社，2025. 4. -- ISBN 978-7-122
-47484-1
　　Ⅰ. G76
　　中国国家版本馆 CIP 数据核字第 20255CR329 号

责任编辑：张　蕾　　　　　　　　　装帧设计：史利平
责任校对：宋　夏

出版发行：化学工业出版社（北京市东城区青年湖南街 13 号　邮政编码 100011）
印　　装：北京科印技术咨询服务有限公司数码印刷分部
710mm×1000mm　1/16　印张 8　字数 156 千字　2025 年 4 月北京第 1 版第 1 次印刷

购书咨询：010-64518888　　　　　　　　售后服务：010-64518899
网　　址：http://www.cip.com.cn
凡购买本书，如有缺损质量问题，本社销售中心负责调换。

定　　价：49.80 元

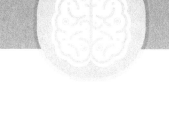

在特殊教育领域中，智力与发展性障碍儿童的教育教学一直是个备受关注的课题。这些儿童在认知、情感、社交和身体发展方面面临着诸多挑战，如何有效地开展教学，促进他们的全面发展，是每一位特殊教育工作者需要深入思考和探索的问题。基于此，我们编写了《智力与发展性障碍儿童律动与游戏》一书，旨在为特殊教育工作者提供一本科学、系统、实用的教学指导用书。

本书内容涵盖智力与发展性障碍儿童教学的多个方面。从概述入手，对智力与发展性障碍儿童的概念、类型及主要特征进行了详细的阐述，帮助读者建立对这一特殊群体的全面认识。随后，重点探讨了律动与游戏在智力与发展性障碍儿童教学中的应用，通过丰富的案例和实践经验，展示了如何通过律动和游戏激发儿童的学习兴趣，提高他们的动作协调性、感知觉能力和社交技能。

书中不仅介绍了律动与游戏的具体教学方法和技巧，还深入探讨了如何根据儿童的实际能力和需求进行教学设计，如何选择合适的教辅具来辅助教学，以及如何评估教学效果并进行教学反思。这些内容都是基于一线教学实践和研究成果编写的，具有较强的针对性和实用性。

智力与发展性障碍儿童的教学是一项复杂而艰巨的任务，需要教育者具备专业的知识和技能，更需要无私的爱心和耐心。因此，在本书的编写过程中，我们力求做到理论与实践相结合，既注重理论知识的科学性和系统性，又强调实践操作的可行性和有效性。希望通过本书的阅读和学习，能够帮助特殊教育工作者更好地理解和关注这一特殊群体，提升他们的教学水平和专业素养，为智力与发展性障碍儿童的成长和发展贡献更多的力量。

本书由俞念、陈荣弟、伊兰共同编写。最后，感谢所有为本书编写提供支持和帮助的同事、专家和学者，以及在一线辛勤耕耘的特殊教育工作者们。相信在未来的日子里，会有更多的教育者和研究者加入这一行列中来，共同为智力与发展性障碍儿童的教育事业贡献智慧和力量。

编者
2025年1月

目 录

第二章

智力与发展性障碍儿童律动——大脑体操篇

第三章

智力与发展性障碍儿童律动游戏教学

第一章
概述

 学习目标

1. 理解智力与发展性障碍儿童律动定义。
2. 理解音乐律动对智力与发展性障碍儿童的意义和作用。
3. 了解智力与发展性障碍儿童动作发展特点。
4. 初步了解智力与发展性障碍儿童律动教学的基本程序。

第一节　智力与发展性障碍儿童概念及其分类

将智力障碍（ID）和发展性障碍（DD）两个术语合并形成智力与发展性障碍的新术语，这是近年来的趋势。合并之后的智力与发展性障碍（IDD）是一个更广泛、更综合的领域，包括智力障碍、自闭症（孤独症）谱系障碍、脑瘫和言语障碍等。

智力与发展性障碍儿童不包括听障生和盲生，是目前就读于特殊教育学校和普通学校接受融合教育的主体，也是本教材的主要研究对象。

一、智力障碍

1. 定义

在我国残疾人分类体系中，智力障碍被称为"智力残疾"。我国曾于1987年和2006年先后两次进行全国残疾人抽样调查，中国残疾人联合会两次对智力残疾进行定义。

1987年的定义如下：智力残疾是指人的智力活动能力明显低于一般人的水平，并显示出适应行为的障碍。智力残疾包括：在智力发育期间（18岁之前），由于各种有害因素导致的精神发育不全或智力迟缓；智力发育成熟以后，由于各种有害因素导致的智力损害或老年期的智力明显衰退。

2006 年的定义如下：智力残疾是指智力明显低于一般人水平，并伴有适应行为的障碍。此类残疾是由于神经系统结构、功能障碍，使个体活动和社会参与受到限制，需要环境提供全面、广泛、有限和间歇的支持。智力残疾包括：在智力发育期间（18 岁之前），由于各种有害因素导致的精神发育不全或智力迟缓；或者智力发育成熟以后，由于各种有害因素导致的智力损害或智力明显衰退。

2. 分级

中国残疾人联合会第二次全国残疾人抽样调查的分级标准与世界卫生组织（WHO）和美国智力低下协会（AAMD）的智力残疾的分级标准基本一致，按照智力商数（IQ）及社会适应行为来划分智力残疾的等级。具体如表 1-1 所示。

表 1-1　智力障碍的分级标准

级别	分级标准		
	发展商（DQ）0~6岁	智商（IQ）7岁以上*	适应行为（AB）
一级（极重度）	≤25	<25	极重度缺陷
二级（重度）	26~39	25~39	重度缺陷
三级（中度）	40~54	40~54	中度缺陷
四级（轻度）	55~75	55~69	轻度缺陷

注：①*WeChsler 儿童智力量表（韦氏智力量表）。②智商（IQ）是指通过某种智力量表测得的智龄和实际年龄的比，不同的智力测验有不同的IQ值，诊断的主要依据是社会适应行为。

二、自闭症谱系障碍

1. 定义

自闭症又称孤独症，是一种广泛性发育障碍的亚型，以男孩多见，起病于婴幼儿期，主要为不同程度的人际交往障碍、兴趣狭窄和行为方式刻板。约有四分之三的患儿伴有明显的精神发育迟滞，部分患儿在一般性智力落后的背景下具有某方面较好的能力。

2. 核心症状

随着人类对自闭症了解的深入，对其核心症状的表述也不断发展变化。DSM-4 认为自闭症的核心症状为三联征，即人际交往存在质的损害，语言交流存在质的损害，兴趣狭窄和活动刻板、重复。DSM-5 将 DSM-4 三联征中的语言交流障碍和人际交往障碍两个方面的症状合二为一。DSM-5 规定，诊断自闭症谱系障碍需满足以下 A 至 E 的五个标准，其中 A 和 B 阐明了自闭症谱系障碍的核心症状。

A. 在多种环境中持续性地显示出社会沟通和社会交往的缺陷，包括在现在或过去有以下表现（所举的例子只是示范，并非穷举）。

① 社交与情感的交互性的缺陷。例如，异常的社交行为模式、无法进行正常

的你来我往的对话，到与他人分享兴趣爱好、情感、感受偏少，再到无法发起或回应社会交往。

② 社会交往中非言语的交流行为的缺陷。例如，语言和非语言交流之间缺乏协调性，到眼神交流和身体语言的异常、理解和使用手势的缺陷，再到完全缺乏面部表情和非言语交流。

③ 发展、维持和理解人际关系的缺陷。例如，难以根据不同的社交场合调整行为，到难以一起玩假想性游戏、难以交朋友，再到对同龄人没有兴趣。

B. 局限的、重复的行为、兴趣或活动，包括在现在或过去有以下表现的至少两项（所举的例子只是示范，并非穷举）。

① 动作、对物体的使用，或说话有刻板或重复的行为。例如，刻板的简单动作、排列玩具或是翻东西、仿说、异常的用词等。

② 坚持同样的模式、僵化地遵守同样的做事顺序或者语言或非语言行为有仪式化的模式。例如，很小的改变就造成极度难受、难以从做一件事过渡到做另一件事、僵化的思维方式、仪式化的打招呼方式、需要每天走同一条路或吃同样的食物。

③ 非常局限的、执着的兴趣，且其强度或专注对象异乎寻常。例如，对不寻常的物品的强烈的依恋或专注、过分局限的或固执的兴趣。

④ 对感官刺激反应过度或反应过低，或对环境中的某些感官刺激有不寻常的兴趣。例如，对疼痛或温度不敏感、排斥某些特定的声音或质地、过度地嗅或触摸物体、对光亮或运动有视觉上的痴迷。

C. 这些症状一定是在发育早期就有显示（但是可能直到其社交需求超过了其有限的能力时才完全显示，也可能被后期学习到的技巧所掩盖）。

D. 这些症状带来了在社交、职业或目前其他重要功能方面的临床上显著的障碍。

E. 这些症状不能用智力发育缺陷或整体发育迟缓更好地解释。智力缺陷和自闭症谱系障碍疾病常常并发，只有当其社会交流水平低于其整体发育水平时，才同时给出自闭症谱系障碍和智力缺陷两个诊断。

3. 治疗方法

目前，仍无针对儿童自闭症谱系障碍的特异治疗方法。世界各国研发派生出几十种甚至数百种方法，其疗效不一，争议颇多。虽然自闭症谱系障碍的病因为生物学因素，但是目前最有效的治疗手段为教育训练和行为干预，药物为次要选择。

三、脑瘫

1. 定义

脑瘫，全称脑性瘫痪，是一组与先天性或与分娩过程相关的大脑疾病及损伤所致运动功能障碍、姿势异常的临床综合征。脑发育早期，一般指婴儿出生前到出生后一个月的时间内，由于多种原因导致的非进行性脑损伤综合征。主要表现为中枢性运动障碍以及姿势异常，有的还可伴有智力低下、癫痫、抽搐、感知觉障碍、语言障碍及精神行为异常等表现，是引起小儿机体运动障碍的主要疾病之一。

2. 诊断

脑性瘫痪的诊断主要依靠病史及体格检查、脑电图、CT 及 MRI 等。诊断脑性瘫痪应符合以下几个条件：①婴儿期内出现的中枢性瘫痪；②可伴有智力低下、惊厥、行为异常、感知觉障碍及其他异常；③需除外进行性疾病所致的中枢性瘫痪及正常小儿一过性运动发育落后。

3. 分型

美国脑瘫协会将脑瘫分为：①痉挛型；②手足徐动型；③强直型；④共济失调型；⑤震颤型；⑥肌张力低下型；⑦混合型（注明何种类型混合）；⑧无法分类型。

按瘫痪部位分为：①单瘫；②截瘫；③偏瘫；④双瘫；⑤三肢瘫；⑥四肢瘫；⑦双重性偏瘫。

四、言语障碍

言语障碍是指对口语、文字或手势的应用或理解的各种异常。在我国残疾人分类体系中，言语障碍被称为"言语残疾"。

1. 定义

言语残疾指由于各种原因导致的言语障碍（经治疗一年以上不愈者），而不能进行正常的言语交往活动。

言语残疾包括言语能力完全丧失及言语能力部分丧失、不能进行正常言语交往两类。

2. 分级

一级指只能简单发音而言语能力完全丧失者，语言清晰度<10%，言语能力等级测试不能通过一级测试水平。

二级指具有一定的发音能力，语音清晰度在10%～30%，言语能力等级测试可通过一级，但不能通过二级测试水平。

三级指具有发音能力，语音清晰度在31%～50%，言语能力等级测试可通过二级，但不能通过三级测试水平。

四级指具有发音能力，语音清晰度在51%～70%，言语能力等级测试可通过三级，但不能通过四级测试水平。

注：本标准适用于3岁以上儿童或成人，明确病因，经治疗一年以上不愈者。

五、学习障碍

1.定义

一般来讲，学习障碍表现为某种特殊的学习能力或多种学习能力的缺损，主要指获得和应用听、说、读、写、算、推理等能力方面出现的明显困难，这些失调严重妨碍了学习效果。美国全国学习障碍联合委员会（NJCLD）在1981年提出的关于学习障碍的定义是："学习障碍是指在求知、听讲、说话、阅读、写字、推理或算术能力上，出现重大困难的一群不同性质学习困难的通称。其困难一般认为是中枢神经系统的功能异常，即是由一个人内在因素所致。"孟瑛如教授认为，学习障碍学生是指因神经心理功能异常而显现出注意、记忆、理解、推理、表达、知觉或知觉动作协调等能力有显著问题，以致在听、说、读、写、算等学习上有显著困难者；其障碍并非因感官、智力、情绪等障碍因素或文化刺激不足、教学不当等环境因素所直接造成之结果。

学习障碍的诊断主要依据以下五条标准（李雪荣，1987）：

（1）学习成就较应有水平相差一年以上，或采用标准化学习成就测验，其成绩在20百分位以下。

（2）没有外周性感知觉或运动方面的缺陷导致学习落后，比如由于高度近视或失聪等影响学习。

（3）没有其他精神疾患导致学习落后，比如儿童精神分裂症、抑郁症等。

（4）智商大于70，即并非因为智力落后导致学习障碍。

（5）与其他儿童有同等的学习机会，即并非由于被剥夺了学习权利而导致学习落后，比如在学龄期没有机会学习。

2.分类

学习障碍通常包括发展性障碍和学业性障碍。发展性障碍是指一个学生应该具有或达到的学业目标的基本学习能力产生障碍，这些学业目标主要是指感知觉、注意、记忆、思维和语言等能力。学业性障碍是指那些通过学校学习获得的能力出现了障碍，这些能力主要包括阅读、算术、书写、拼音和写作等。

六、发育迟缓

发育是指心理、智力和体力的发展，身体功能的分化和不断完善。严格讲，发育迟缓不是疾病诊断，如头痛、咳嗽、发热等症状，而是发育异常过程中的一种现象。由于目前很多医学检查尚未完善，或者患儿尚不能达到某种疾病或残疾的诊断标准，因此通常把发育迟缓作为其他疾病的一种过渡性诊断。目前，发育迟缓在临床上诊断的应用比较广泛。发育迟缓分为经典的儿童发育迟缓和单纯发育迟缓。经典的儿童发育迟缓是发育性残疾的一种，特指5岁以下儿童在粗大或精细运动、语言或言语、认知、社会或个人、日常活动能力等发育领域中存在 2 个或 2 个以上的明显落后，达到脑发育里程碑的相应时间落后于同龄儿 2 个或 2 个以上标准差。单纯发育迟缓包括单纯智力发育迟缓、单纯运动发育迟缓、单纯语言发育迟缓、单纯心理发育迟缓和单纯体格（生长）发育迟缓等。

七、多动症

1. 定义

儿童多动症又称注意缺陷多动障碍（ADHD），或脑功能轻微失调综合征，是一种常见的儿童行为异常疾病，是一种起源于大脑的生物学疾病。这类患儿的智力正常或基本正常，但学习、行为及情绪方面有缺陷，主要表现为注意力不集中，注意短暂，活动过多，情绪易冲动，学习成绩普遍较差，在家庭及学校均难与人相处，日常生活中常常使家长和教师感到没有办法。

2. 发病率

儿童多动症的患病率国外报道在 5%～10% 之间，国内调查在 10% 以上，男孩多于女孩，早产儿及剖宫产儿患多动症的概率较高。多动症是遗传性非常强的疾病。通常与多动症有关的发展性阅读障碍也是一种遗传性非常强的疾病。

3. 临床表现

多动症典型的临床表现主要为三个方面：①注意力难集中，坚持性差；②活动过度，反应性增高；③情绪急躁，冲动莽撞。

不同年龄阶段的多动症具有不同的临床表现，婴儿期和学步期的特征为顽皮急躁，难于管理；学前期的特征为多动不宁，攻击破坏；学龄期的特征为注意缺陷，多动冲动；青少年期的特征为学习困难，对立违抗；成人期的特征为工作绩效差，人际关系不良。

4. 诊断标准

DSM-5 多动症诊断标准如下。

A. 一个持续的注意缺陷和/或多动、冲动的模式，干扰了功能或发育，以下述 A1 或 A2 为特征。

A1. 注意障碍：下列症状有 6 项（或更多）持续至少 6 个月，且达到了与发育水平不相符的程度，并直接负性地影响了社会和学业/职业活动。

需要说明的是：这些症状不仅仅是对立行为、违拗、敌意的表现，或不能理解任务或指令。年龄较大（17 岁及以上）的青少年和成年人，至少需符合下列症状的 5 项。

a. 经常不能密切关注细节，或者在作业、工作或其他活动中犯粗心大意的错误。例如，忽视或遗漏细节，工作不精确。

b. 在任务或游戏活动中，经常难以维持注意力。例如，在听课、对话或长时间的阅读中难以维持注意力。

c. 当别人对其直接讲话时，经常看起来没有在听。例如，即使在没有任何明显干扰的情况下，也会显得心不在焉。

d. 经常不遵循指示以至于无法完成作业、家务及工作中的职责。例如，可以开始执行任务，但是很快就转移注意力，容易分神。

e. 经常难以组织任务和活动。例如，难以管理有条理的任务；难以把材料或物品放得整整齐齐；凌乱，工作无头绪；不良的时间管理；不能遵守截止日期。

f. 经常回避、厌恶或不情愿从事那些需要精神上持续努力的任务。例如，学校作业或家庭作业；对于年龄较大的青少年和成人，则为准备报告、完成表格或阅读冗长的文章。

g. 经常丢失任务或活动所需的物品。例如，学校的资料、铅笔、书、工具、钥匙、钱包、手机、文件、眼镜等。

h. 经常容易被外界的刺激分神。对于年龄较大的青少年和成人，可能包括不相关的想法。

i. 经常在日常活动中忘记事情。例如，做家务、外出办事；对于年龄较大的青少年或成人，则为回电话、付账单、约会等。

A2. 多动与冲动：下列症状有 6 项（或更多）持续至少 6 个月，且达到了与发育水平不相符的程度，并直接负性地影响了社会和学业/职业活动。

需要说明的是：这些症状不仅仅是对立行为、违拗、敌意的表现，或不能理解任务或指令。年龄较大（17 岁及以上）的青少年和成年人，至少需符合下列症状的 5 项。

a. 经常手脚动个不停或在座位上扭动。

b. 当被期待坐在座位上时却经常离开座位。 例如，离开在教室、办公室或其他工作的场所，或是在其他情况下需要保持原地的位置。

c. 经常在不适当的场合跑来跑去或爬上爬下。需要注意的是，对于青少年或成人，可能仅限于感到坐立不安的主观感受。

d. 经常无法安静地玩耍或从事休闲活动。

e. 经常"忙个不停"，好像"被马达驱动着"。例如，在餐厅、会议中无法长时间保持不动或者觉得不舒服；可能被他人感受为坐立不安或难以跟上。

f. 经常讲话过多、喋喋不休。

g. 经常在提问还没有讲完之前就把答案脱口而出。例如，接别人的话；不能等待交谈的顺序。

h. 经常难以等待轮到他。例如，当排队等待时。

i. 经常打断或侵扰他人。例如，插入别人的对话、游戏或活动；没有询问或未经允许使用他人东西；对于青少年或成人，可能是侵扰或接管他人正在做的事情。

B. 若干注意障碍或多动、冲动的症状在 12 岁以前就已存在。

C. 若干注意障碍或多动、冲动的症状存在于 2 个或更多的场所 。例如，在家里、学校或工作中；与朋友或亲属的活动中；在其他活动中。

D. 明确显示这些症状明显影响了社会、学业和职业功能。

E. 症状不是由精神分裂症或其他精神病性障碍引起，也不能由其他精神障碍来解释（如心境障碍、焦虑障碍、分离性障碍、人格障碍、物质依赖或戒断）。

与 DSM-4 相比，DSM-5 排除标准发生了变化。DSM-4 排除标准为：症状不是出现在广泛性发育障碍、精神分裂症和其他精神病性障碍的发病期间，且不能被其他精神障碍解释（如心境障碍、焦虑障碍、分离性障碍和人格障碍）。DSM-5 排除标准为：症状不是出现在精神分裂症和其他精神病性障碍的发病期间，且不能被其他精神障碍解释（如心境障碍、焦虑障碍、分离性障碍、人格障碍、物质中毒和戒断）。与 DSM-4 相比，DSM-5 不再把广泛性发育障碍作为排除标准。DSM-5 在其诊断标准中已经将 ADHD 起病年龄从 7 岁以前延至 12 岁以前，减少了漏诊，并特别提出成人 ADHD 的诊断标准，对成人 ADHD 的诊断和治疗加以重视。另外，DSM-5 增加了 ADHD 的症状举例或说明。DSM-5 明确成人 ADHD 诊断标准，强调 ADHD 是一个起病于儿童期并可持续至成年期的障碍，只是成年期表现有所变化。大多 ADHD 症状会持续到青春期（70%）乃至成年期（30%），对患者学业、职业和社会生活等方面产生广泛、终生的消极影响。因此，对 ADHD 的干预不能仅局限于儿童期，应超越儿童期并立足于长期、系统干预。

第二节　感知觉和动作能力

一、感知觉的含义

感知觉可分为感觉和知觉两个不同的层面。

1. 感觉

感觉是对刺激的基本属性的加工，是感受器接受刺激产生神经冲动的过程，是对直接作用于感觉器官的客观事物的个别属性的反应。感觉发生在感觉系统的初期加工阶段，即外界刺激作用于感受器的时候；感觉是最简单的心理过程，属于认识的感性阶段，是形成各种复杂心理的基础，是一切知识的源泉，它与知觉紧密结合，为思维活动提供材料。根据感受器的不同，感觉可分为视觉、听觉、味觉、嗅觉、触觉、前庭觉、本体觉等。

感觉是人类认识世界的开端，是维持正常心理活动的重要前提保障。感觉的产生需要有适当的刺激。所谓适当的刺激是指能够引起感受器有效反应的刺激，刺激强度太小不能引起感受器的有效反应，刺激强度太大则反应过于强烈而失去感觉，这两种情况都产生不了感觉。各种感觉都有其感觉阈——一个感受器所能接受的外界刺激变化范围，即感官所能接受范围的上限和下限以及对这个范围内最微小变化感觉的灵敏度。不同个体的感觉阈之间存在一定的差异。

2. 知觉

与感觉相比较，知觉涉及解释事件或加工整个客体等更高水平的脑活动，是一系列组织并解释外界客体作用于感官而产生的感觉信息的加工过程，是在感觉的基础上形成的比感觉更复杂而完整的心理体验过程，是我们运用先验知识对感官信息进行组织和解释形成的整体看法和理解。换句话说，与感觉不同，知觉反映的是客观事物各种属性及其相互关系所构成的整体。日常生活中，人们通常以知觉的形式来反映客观事物。

知觉具有整体性、恒常性、意义性、选择性等特性。在认知科学中，知觉也可看作一组程序，包括获取信息、理解信息、筛选信息、组织信息。经验可以塑造知觉和神经响应的特性；由于个体经验的不同，不同个体对同一客观事物会产生不同的知觉。

3. 感觉和知觉的关系

感觉和知觉是既有联系又有区别的两个心理过程。一方面，两者都是人脑对直接作用于感觉器官的客观事物的反应；另一方面，感觉和知觉是两个不同的心理过程，是两种不同的认知阶段，知觉是在感觉的基础上产生的，没有感觉也就没有知觉。

二、感觉的功能和发育

以下仅介绍触觉、前庭觉和本体觉。

1. 触觉

触觉是体表受到压力、牵引力等机械作用时，相应的感受器所引发的肤觉之一。触觉系统是人类最基本、影响最广泛的感觉系统。触觉信息主要有温度、湿度、疼痛、压力、振动等。触觉感受器为皮肤，由于皮肤内的机械性感受器分布密度及区域大小不同，形成了不同部位的触觉感受有所差别。触觉具有感觉与辨别、防御和保护、稳定情绪和提高警醒、促进动作的灵活、传递情感和奖惩等功能。触觉是儿童最早发展的能力之一，丰富的触觉刺激对儿童的认知、情绪情感和社会交往的发展具有重要意义。

皮肤感觉是感觉系统中最先发育的，新生儿的皮肤触觉的结构和基本功能发育已经比较成熟。触觉是新生儿认识世界的主要渠道，在整个儿童发育期内，触觉是儿童认识外部世界和自我形象非常重要的通道。触觉感受器分布广泛，头面部与躯体其他部位的触觉信息输入大脑的通道不同，精细触觉与粗略触觉又分别有独立的神经通路，触觉信息的多种传输路线与中枢不同阶段的其他神经中枢存在广泛联系，对促进大脑皮层下结构的发展起着重要作用。

2. 前庭觉

前庭觉是个体受到地心引力和躯体空间位置变化等刺激所形成的感觉。前庭觉感受器主要包括内耳的三对半规管、球囊和椭圆囊。前庭系统除了具有调控躯体平衡保护自身安全、维持肌张力及矫正反应、稳定情绪或提高兴奋性、调节身体和眼球动作等功能之外，还广泛参与个体多种生理和心理活动，是人体重要的感觉系统。前庭与儿童维持正常姿势、维持适当的警醒度、运动发展、大脑发育、情绪行为发育和人际交往能力发展等直接相关。

前庭功能发育早、历程长，可能持续整个胎儿期及儿童发展期，特别是学龄期以前，可能是儿童前庭功能发育和完善的关键期。儿童早期运动能力的发展建立在前庭功能的基础上，同时儿童运动能力的发展又促进前庭功能的完善，两者同步进行、互相影响——既互相促进，又互相牵制。

3. 本体觉

本体觉感受器为本体感受器，主要分布在关节、肌肉、肌腱等运动器官上。本体觉主要提供身体及身体部位的方向感、运动的速度与时间、肌肉所产生的力量以及肌肉被牵拉的速度等信息。本体觉信息帮助个体确定身体的位置、肢体在空间中的位置、决定抓握或举起物体所需的力量、动作的方向和速度的把握。本体觉对儿童运动企划能力的发展至关重要，直接影响儿童的学习能力。深度触压和人体弯曲本体觉的输入有助于平稳情绪，减少冲动。

妊娠中后期，胎儿开始出现活动，加之母亲的运动，胎儿的本体觉得到发展。本体觉与其他感觉一样随着中枢神经功能发展而不断完善。与前庭觉一样，本体觉发展与个体运动能力发展同步进行，互相影响。1～3岁是儿童运动及本体觉发展非常重要的时期，3～6岁儿童的本体功能更加精细、高效，与精细动作同步得到快速发展。

三、普通儿童的动作发展特点

粗大动作发展是指儿童在发育过程中出现的抬头、翻身、坐、爬、站、走、跑、跳等运动能力发展，包括人类运动所需的最基本的姿势控制和移动能力。很多研究认为，人类的很多基本动作和运动技能在8周岁前就已经发育完善。

普通儿童动作的发展遵循从上到下、由近及远、从大到小、从整合到分化的基本发展规律。

1. "从上到下"

主要指人类生长和动作发展的进程，是按从上到下的顺序发展。例如，在胎儿和婴儿期，头部的发育明显比身体其他部位快得多。而在幼儿阶段，当开始学习行走时，脚掌支撑面较宽，呈外八字，下肢以短、快并且较为僵硬的姿势行走；在行进的整个过程中，儿童以髋关节为中心完成下肢摆动，膝盖弯曲较少，几乎为伸展状态，脚步落地时基本上没有弯曲。当儿童能够较为熟练完成走的动作后，膝盖弯曲与伸展交替进行，落地瞬间脚背出现弯曲，使身体重心由足跟过渡到脚趾，走路的步态较原先更为熟练。可以看出，走的技能就是按照从上到下的顺序发展的。

2."由近及远"

指儿童生长和发展从身体中心区或中线向远端发展（从脊柱到四肢）。在胚胎时期能够看到，神经沟贯穿在复杂的细胞体中，这些神经沟逐渐形成脊椎；从脊椎逐渐长出头、手臂、腿及有关的身体结构，按由近及远的方式逐渐由中线向身体边缘生长。幼儿在发展挥击动作技能时，基本采用肩关节控制手臂进行大肌肉群的动作以挥击软球，并不会对手腕或手指对球棒进行控制；随着练习经验增多，成熟化程度越来越高，幼儿可以通过手指环绕球棒，完成击球动作。可以说，抓握动作控制从仅有手臂的大肌肉群产生的物体移动，发展到手臂、手腕和手指的精细动作，由近及远这样发展的一个过程。

3."从大到小"

指幼儿大肌肉群力量的发展要快于小肌肉，幼儿首先掌握肢体、躯干等大肌肉群的运动能力以后，才渐渐发展小肌肉群力量和精细动作。幼儿见到父母会快速跑动然后猛烈抱住父母，而不会由加速过程逐渐减速和制动，因为下肢大肌肉的发展为幼儿跑动时的加速提供动力，但由于小肌肉的滞后发展无法完成减速和急停的动作。随着小肌肉群发育及急停动作技能掌握，幼儿可以完整进行静止起跑、加速及减速制动这样一个过程。

4."从整合到分化"

"整合"是指身体各部分结构共同工作、相互协调的能力逐渐提高。"分化"是指某一项动作中，身体各部分开始承担它们在动作执行中更成熟的职责时，分化就会随之出现。幼儿在学习立定跳远初期无法对双臂摆动和双腿蹬地进行协调控制，一般只能通过腿部完成整个过程而上肢基本不动，并且一条腿比另外一条腿向前蹬地的速度更快。随着时间推移，幼儿可以使双腿并在一起完成立定跳远，并且双臂能够配合双腿协调进行发力以跳出更远的距离。幼儿在开始学习接球动作初期，虽然教师要求使用双手进行接球，但是幼儿还是会用大臂和小臂将球抱住，这个时候手的动作功能似乎是手臂的延续，而不是一个有不同目的的单独实体，手和手臂的功能还没有分开。随着发育成熟及动作经验积累，手和手臂的功能逐渐分化，这时候幼儿在完成接球动作时，手臂完成的是伸展功能，而手完成的是抓接功能。

以上动作发展的规律，在儿童动作发展的整个过程中，并不是分离的，相反它们之间是"相互作用"，以一种循序渐进的方式共同产生影响，在获得更为成熟的发展水平过程中相互给予和支持。上文所提到的，幼儿在学习挥击动作时，先是通过肩部摆动球棒至手部抓握控制球棒，这样一个由近及远发展的规律，而与此同时，肩部周围的大肌肉群是先发展而手部小肌肉群后发展，并且最终出现手指的分化现象；挥击学习过程中，由原来只是调动上肢动作到逐渐出现下肢蹬转动作时，也是上肢和下肢统一协调整合化的过程。

四、智力与发展性障碍儿童的感知觉发展特点

智力与发展性障碍儿童的感觉阈、感觉调节、信息加工等方面与一般儿童相比存在一定的差异或不足。

1. 感觉阈方面

部分智力与发展性障碍儿童的感觉阈与一般儿童存在显著差异，尤其是自闭症儿童；有的感觉阈的下限偏低，他们能够接收到一般儿童无法感知的一些信息，如能够听到远处的风吹草动；有的感觉阈的下限偏高，他们无法接收到一般儿童能够感知到的一些信息，如对轻微的触碰没有反应；有的感觉阈的上限偏低，他们无法忍受一般儿童能够接受的感觉信息，如听到常人能够忍受的较大的声音就捂耳朵；有的感觉阈的上限偏高，他们对一般儿童无法忍受的信息没有反应，如痛觉迟钝。

2. 感觉调节方面

（1）触觉防御的主要表现

· 以负向行为（例如攻击、咬人）或过度的情绪（例如哭泣、尖叫），回应轻微或不预期的触碰。

· 逃避教室中的脏乱活动（例如绘画、粘贴）。

· 不喜欢被亲吻或触碰，但可能会主动拥抱或做出稳固的触碰。

· 排在队伍的前端或尾端，避免与人触碰。

· 挑食。

· 非常爱干净，在进行任何活动后立即洗净双手。

· 似乎非常顽固或缺乏弹性。

· 过度怕痒。

· 不喜欢赤脚。

· 理发、洗脸时，出现极端的情绪反应或生气。

· 拒绝与他人握手。

· 对轻微的碰撞、割伤或刮伤出现过度反应。

· 对某些衣料或衬衫标签感到不适。

· 必须将鞋带系紧，或抱怨袜子有皱褶。

· 找借口逃避触摸或材质游戏，如"妈妈叫我不要弄脏新衣服"。

· 难以在教室中建立友谊关系，因为会与其他孩子保持距离，避免不预期的触碰。

· 踮脚走路（尖足）。

- 拒绝盛装打扮，如戴帽子、围巾等。

（2）触觉迟钝的主要表现

- 渴望触觉输入，例如，孩子会长时间进行手指画活动。
- 经常咬东西。
- 喜欢脏乱的经验。
- 不断触碰物品或他人。
- 无法将双手放好。
- 将食物含在嘴中。
- 用手臂或腿部磨蹭各种质料。
- 喜欢吃辣、烫或非常冰的食物。
- 在游戏或交谈时，与他人的距离过近。
- 磨蹭或咬自己的皮肤。
- 未能发现弄脏脸部或身体。
- 对轻微的触碰毫无反应。
- 对操控小玩具或物品有困难。
- 未能注意到低温或高温。
- 区辨不同材质困难，如坚硬与柔软。
- 未能发现衣服潮湿或弄脏。

（3）前庭过敏的主要表现

- 对动作经验胆怯且小心翼翼（非冒险主义者）。
- 害怕游乐场设备，例如滑梯、秋千、立体方格（攀爬）铁架或供儿童攀爬的高架。
- 晕车，即使是短程。
- 低自尊心，因为不会与他人一起玩耍，尤其在户外。
- 害怕电梯或升降梯。
- 害怕登高，或不喜欢双脚离地。
- 害怕上下楼梯，例如，会用双手握住扶手。
- 看起来倔强顽固或不配合。
- 无法骑三轮车、自行车或其他适龄的骑乘玩具。
- 动作笨拙或不协调。

（4）前庭迟钝主要表现

- 在室内或户外常从事危及安全的活动。
- 无法静止下来。
- 冲动（先做再想）。
- 用跑步代替走路。
- 动个不停，例如，扭动、坐立不安、前后晃动、跳上跳下。

- 采取极端的动作，例如，试着将秋千荡到最高。
- 无论旋转多久都不会头晕。
- 对动作经验的喜好程度超过其他孩子。
- 较容易发生意外，例如，跌倒或绊倒且无法恢复平衡。
- 协调性明显比同龄孩子差。
- 未能注意到动作或动作方向的变化，例如，在秋千上荡高。
- 不喜欢新的动作体验。
- 较容易感到疲倦或懒散，比其他学龄前孩子更常坐下、伫立或躺下。

（5）本体觉过敏注意表现

- 看似懒散或过度疲倦。
- 逃避体能活动，例如，跑步、原地跳、向前跳或单脚跳。
- 挑食。
- 不喜欢移动。
- 不喜欢他人移动自己的身体，例如，不喜欢他人协助他将手臂穿入外套的袖子中。

（6）本体觉迟钝主要表现

- 喜欢冲撞墙壁、物品或他人。
- 咬指甲或吸吮拇指或其他手指。
- 表现出侵略行为，例如，攻击、踢、咬。
- 未能察觉他人的个人空间，例如，贴近你的面前说话、当你坐着时跳到你的身上。
- 鞋带系得很紧。
- 用力踏步行走。
- 咬东西，包括衬衫、铅笔、签字笔、玩具、口香糖。
- 喜欢用力拍打或在休息时间以毛毯紧紧包裹身体。
- 参加相当费力的混战游戏。
- 未能发现他人撞到自己。
- 精细动作技巧欠佳，例如，切割、绘画、书写、进食。
- 学习独立穿脱衣服的速度缓慢。
- 粗大动作技巧协调性差，例如，行走、跑步、单脚跳、向前跳。
- 严重受伤却未哭泣。
- 因为在物品操控上遭遇困难，因此易弄坏玩具。

3. 信息加工方面

（1）触觉信息加工　精细动作笨拙、不协调。无法指认被触碰或撞到的身体部位。无法只用触摸的方式辨认出物体的形状或质地。口腔动作不佳。

（2）前庭觉信息加工　闭上眼睛时站立不稳，或不敢闭上眼睛。身体移动时，保持平衡困难。逃避不平坦的路面。不喜欢常改变方向的移动或活动。

（3）本体觉信息加工　对方位、速度把握不足。动作不协调不流畅。精细且缓慢的动作困难。模仿他人动作困难。判断动作方向、力度和投掷距离困难。

五、智力与发展性障碍儿童动作发展特点

动作是人类个体与环境互动的重要手段之一，是人类个体最基本的能力之一，对个体生理、心理、社会性发展等方面都具有极为重要的意义。

（一）粗大动作

在身体大肌肉群的作用下所完成的动作称为粗大动作。粗大动作包括姿势控制、移动力、运动与游戏等。研究表明，3～6岁是幼儿粗大动作发展的黄金时期。粗大动作发展落后是智力与发展性障碍儿童普遍存在的共性特征之一。

1. 智力与发展性障碍儿童粗大动作发展特点

粗大动作发育是人类基本的姿势和移动能力的发育，粗大动作发育可分为反射发育和姿势动作发育两个方面。

反射活动是神经系统对姿势和运动的调节，反射发育是婴幼儿粗大动作发展的基础。反射发育的成熟过程经历脊髓水平、脑干水平、中脑水平和大脑皮质水平四个阶段，即初级水平的反射逐渐被高级神经中枢反应整合。在智力与发展性障碍儿童中较多可见原始反射在一定的发育阶段延迟出现或超过应该消失的时间而持续存在。原始反射的延迟消失和神经反应的延迟出现都可能预示了发育的落后，应该高度重视。

适当的肌肉张力有助于儿童展现良好的动作能力。与普通儿童相比，在智力与发展性障碍儿童更多见肌肉张力异常；肌肉张力过高或者过低，不仅影响姿势控制，更影响动作发展。

姿势运动发育可分为头颈控制、躯干控制、上肢控制、骨盆控制和下肢控制等发展阶段，随着儿童的成长，这些能力依次发展、螺旋上升、逐渐成熟。与普通儿童相比，智力与发展性障碍儿童普遍存在姿势运动发展阶段成熟时间相对较晚、发展落后，而且往往障碍程度越严重的儿童粗大动作发展落后出现的时间越早、儿童粗大动作成熟的水平越低。动作力量不足，躯干稳定性差，平衡能力差，动作敏捷性差，四肢与躯干分离性动作发展水平低，动作协调性差，是智力与发展性障碍儿童普遍可见的共性特点。

姿势动作发展出现断层，这是一个较少被关注的方面，其中，断层发生在骨盆控制阶段向下肢控制阶段之间的智力与发展性障碍儿童更为多见。而且，这种能力断层点处于越低的水平，往往意味着儿童的障碍程度越严重。

2. 影响粗大动作发展的相关因素

影响儿童粗大动作发展的因素是极其多元的，有家族遗传因素；脑损伤和脑发

育因素，如中枢神经系统的先天畸形、脑室周围白质软化、神经生化改变、产伤或外伤所致的脑损伤等；疾病因素，如胆红素脑病、脑积水、脑组织坏死、颅内出血、缺氧缺血性脑病、脊柱裂、骨关节疾病、四肢的先天畸形、癫痫等；还有环境因素，如不正确的养育方式、缺乏运动及锻炼的机会等。这些都会造成儿童粗大动作发展落后。

此外，儿童早期的体重超标和手术史，这是两个高风险因素。肥胖本身不会对儿童生长发育带来太多的风险，但是肥胖可致儿童运动负荷的增加，肥胖儿童更易导致肌肉的疲劳感。这种疲劳感将导致儿童自动、自觉地减少体力活动，从而减少了儿童粗大动作练习的数量，制约了儿童粗大动作能力的发展。

儿童早期爬行经验缺乏，尚未引起社会大众的共同关注，还有很多家长没有足够重视儿童早期的爬行活动。对学龄前儿童而言，爬行不仅仅能够发展四肢协调能力，而且能够促进躯干和四肢的协调、促进四肢力量的发展、促进心肺功能的提高，充分的爬行还能为精细动作的发展奠定更好的基础。在追溯智力与发展性障碍儿童早期发育史的时候，我们发现爬行经验不足是他们的普遍共性表现。大量的研究表明，这种爬行经验的缺失，甚至影响了其视觉功能的发育。

我们或许对家族遗传、疾病和脑损伤等因素还无法很好控制，但应该努力控制环境因素，为儿童成长创造良好的环境。

3. 促进粗大动作发展的建议对策

众所周知，肌肉需要锻炼，肌肉越练越强壮。因此促进儿童粗大动作发展的核心建议是为儿童动作练习创造良好的环境、条件或机会，具体如下。

（1）避免过度照顾　导致儿童缺乏运动、缺乏动作练习的最普遍、最常见的过度照顾是过多的、长期的抱，舍不得将孩子放下来，舍不得让孩子自己行走、跑动。以至于抱得越多孩子越不愿意下地，形成恶性循环。过度照顾的另一种常见形式是让孩子长期坐在小推车上。让孩子长期坐在小推车上和长期抱孩子一样限制了孩子自主自由地走、跑、跳练习，极大制约了孩子体适能发展和粗大动作能力发展。

（2）确保足够的户外活动时间　《3～6岁儿童发展指南》指出，儿童每天需要2小时的户外活动时间。确保足够的户外活动时间是促进儿童体适能发展、肌肉力量发展和粗大动作能力发展的重要前提条件。

（3）创造条件让孩子与同龄小伙伴一起玩耍　与同龄小伙伴一起玩耍、嬉戏是增加儿童运动量极其重要的途径。学龄前儿童的游乐方式与成人游乐方式有着根本的差异，学龄前儿童玩耍、嬉戏的条件，或许只要有一块空地、有一个小伙伴就足矣，鼓励孩子与小伙伴一起玩奔跑类游戏，如"警察抓小偷"等。

（4）创造条件让孩子充分爬行　爬行是人类生长发育的必然阶段，也是不可或缺的阶段。如果是因为"脏"，那就建议家长创造一个干净的爬行环境，可以在家中铺设泡沫垫。鼓励孩子在桌子、椅子等家具底下爬过，在家中存放几个大小不一的纸板箱，用纸板箱搭建"隧道"。实践证明，这些是儿童普遍喜欢的爬行游戏。

（5）注意孩子的每天的运动量　我们建议"以天为单位"测算儿童的运动量，尽量保障孩子每天有足够的运动；若要"以周为单位"测算儿童运动量，美国运动医学会建议儿童每周有 300 分钟的中等或较大强度的运动。

（二）精细动作

1. 智力与发展性障碍儿童精细动作发展特点

讨论精细动作能力发展，人们往往首先关注手部动作能力，因此普遍认为精细动作能力发展不足是智力与发展性障碍儿童的共性特点。手的基本动作包括非抓握动作和抓握动作。非抓握动作包括悬浮、约束、推、压、触、钩状抓握等；抓握动作又分为力性抓握与精细抓握，力性抓握包括球形抓握、柱状抓握及拉，精细抓握包括指尖捏、指腹捏、侧捏及三指捏。因此，具体而言，智力与发展性障碍儿童手功能发育普遍较迟，抓握动作发育与非抓握动作发育不同步，精细抓握普遍落后于力性抓握能力的发展。

在讨论精细动作发展时，还需要关注手的知觉功能发育、双手协调动作发育、生活自理动作发育、绘画动作发育、视觉功能发育、手眼协调能力发育和精细动作发育顺序等。从发育时间来看，智力与发展性障碍儿童手的知觉功能发育、双手协调动作发育、生活自理动作发育、绘画动作发育、视觉功能发育、手眼协调能力发育普遍较迟，明显落后；从发展水平看，智力与发展性障碍儿童这些能力的发展水平普遍较同龄儿童低；但精细动作的发育顺序与普通儿童的发育顺序基本一致。

2. 影响精细动作发展的相关因素

精细动作多为小肌肉或小肌群的运动，在全身大肌肉发育后迅速发育。手功能发育和视觉功能发育是精细动作能力发展的基础。精细动作能力是在获得了基本的姿势和移动能力发育的基础上发展起来的，粗大动作能力的发展是精细动作能力发展的基础。视觉功能发育也受到姿势和移动能力发育的影响。粗大动作能力发展不足制约了精细动作能力的发展，这是智力与发展性障碍儿童精细动作能力发展常见的制约因素。因此，在讨论智力与发展性障碍儿童精细动作能力发展时，至少应该同时关注粗大动作能力发育、手功能发育和视觉功能发育。

精细动作主要包括伸手取物，手掌大把抓握较大物品，拇指与其他手指分开取一些较小的物品，拇指与食指配合捏取一些很小的东西，如花生、黄豆、绿豆、小纽扣、小丸等。有的儿童因手部肌肉力量发展不足，而影响手掌大把抓握较大物品；有的儿童因肌肉力量发展不足而影响其躯干稳定性和上肢控制，进而影响拇指与其他手指分开取一些较小的物品、拇指与食指配合捏取一些很小的物品。

抓握物体、将手伸向物体、随意放下物体、腕关节可向各个方向活动，这四项基本动作是儿童拿铅笔画画、翻书、搭积木、串珠、进食、更衣、书写等各种精细动作活动的基础，粗大动作、手功能发育和视觉功能发育不足，严重影响智力与发展性障碍儿童这些能力的展现。

此外，养育方式也是影响儿童精细动作发展的关键因素。过度照顾会剥夺婴幼儿自己动手的机会，导致精细动作发育水平偏低。

3. 促进精细动作发展的建议对策

（1）加强粗大动作训练　粗大动作能力发展良好是精细动作能力发展的前提和基础，粗大动作发展水平较低将会制约精细动作能力的发展。当精细动作能力发展出现高原现象时，尤其需要重新关注和加强粗大动作能力训练。当孩子的粗大动作能力发展尚处于头颈控制、躯干控制和上肢控制阶段时，此时开展精细动作能力训练的效率不高、效果不好，应先加强粗大动作能力的训练。

（2）加强身体力量训练　身体力量是动作发展的基础，良好的身体力量有助于粗大动作和精细动作能力的展现；反之，身体力量不足将会极大制约粗大动作和精细动作的展现。对于手掌大把抓握较大物品或较重物品比较困难的儿童，应该加强手部力量的训练；对于躯干稳定性不足的儿童，应该加强核心力量的训练；对于无法用三指指尖握笔写字的儿童，应该关注其手指力量，甚至手腕、手臂力量和核心力量的问题。身体力量的发展还会影响双手协调能力的展现。双手协调操作物体出现困难时，同样建议关注身体力量的发展。

（3）注意视觉功能训练　手眼协调是指在视觉配合下的精细动作的协调性。手眼协调能力随着儿童协调能力和神经心理发育而逐渐成熟。随着精细动作能力提高，手眼协调能力越来越占据重要地位，并贯穿于精细动作之中，精细动作能力发育离不开手眼协调能力的发育，手眼协调能力发育是精细动作能力发育的关键。而视觉功能发育是儿童手眼协调能力发展的基础。视觉功能发育包括视觉定位、注视、追视和视线转移等。当儿童手眼协调能力展现不佳时，我们应当关注其视觉定位、注视、追视和视线转移等能力的发展情况。

（4）关注手功能发育　一般而言，只要发现儿童精细动作能力不佳就会关注其手功能的发育。手功能发育的顺序性规律是日常训练需要遵循的规律。从较为粗大的手部操作动作训练逐渐向比较精细的手部操作动作发展，这也是应该遵循的原则。

（5）避免过度照顾　精细动作能力的发展也离不开大量的练习。成人对儿童的过度照顾，就是对儿童自我练习机会的剥夺，就是在限制儿童的成长。让儿童做力所能及之事，让儿童为自己服务甚至为他人服务，这就是将康复融入日常生活。

六、智力与发展性障碍儿童的知觉动作整合特点

（一）双侧整合困难

（1）左右辨别混乱。

（2）左右手分化不佳，建立惯用手困难。

（3）需要双手合作的动作完成不好。

（4）跨越中线的动作困难。

（5）跳格子、跳绳、跨步跳等能力差。

（6）抛接球困难。

（二）身体运用方面

（1）学习新的动作困难，需要反复示范。

（2）自我身体形象感知能力差，不能快速辨别身体部位与空间位置关系，如学习骑自行车困难。

（3）动作计划能力不佳，对需要时间顺序和空间预测能力的动作表现困难，如踢滚动的球给队友表现困难。

（4）经常碰撞到周围环境中的物品。

（5）平衡能力差，容易跌倒。

（6）写字速度慢。

（7）手眼协调不佳。

（8）动作幅度大，精确度低。

（三）视听觉方面

（1）斜视、复视、视物模糊。

（2）注视或凝视困难。

（3）阅读时跳字、漏字、跳行。

（4）常使用周边视野而非中央视野。

（5）听力很好，但当处于存在噪声的环境中时，明显表现语言理解困难。

（6）不能很好地遵循指令。

（7）情绪不稳定，易激惹。

第三节　律动概述

当音乐响起，你是否发现自己正在随着音乐摇晃或者不自觉地用脚打拍子？或者你看似漫不经心，其实内心早已随着音乐激动？你或许会说："我动作不协调，我不会跳舞。"或者说："我害羞，我不敢在公开场合做动作表演。"那么，就让我们先来做一个练习。

活动体验1：脉搏的律动

体验自己的脉搏，跟着心跳的节律自由行走。行走过程中如果找不到脉动节奏，就停下来，找到后继续行走。

活动体验2：呼吸与律动

将呼吸放在胸口：手放在胸口上，感受胸口随着呼吸有规律的起伏。

将呼吸放在肩上：左手放右肩上，感受随着呼吸自肩到臂的律动。

将呼吸放在手背上：随着呼吸，手背带动上肢及身体的前后律动。

活动体验3：儿歌与律动

爸爸瞧，妈妈看，宝宝的小手看不见。

爸爸瞧，妈妈看，宝宝的小手又出现。

律动就像心跳、呼吸一样，是身体的本能，当我们感受到其律动并与之同步动作的时候，我们获得了最原始的稳定感。父母跟孩子一起吟唱儿歌、童谣，一起做手指游戏，节奏作为律动的基本要素，就跟语言结合在一起，律动就自然发生了。

"律动"一词最早由希腊语变化发展而来，原意为"美好、平衡、调整、富于节奏"，后多指有节律的动作、有韵律的运动，是人们听到音乐后按照节奏动律、音乐情绪用肢体动作表达个人体验。

对于儿童来说，音乐和身体运动通常是同一种东西，听到音乐就会自然地跟着音乐的节奏和旋律点头、跺脚、扭动身体。身体律动指向儿童多方面的发展：身体健康、平衡与协调、韵律和节奏感、本体感、社会性等。跟着音乐做律动可以提供机会让儿童支配自己的个人空间，表达音乐的特点，对节奏和旋律做出回应，并与其他儿童进行音乐互动。儿童律动往往是跟游戏结合在一起的，游戏中有律动，律动通过游戏的方式开展。律动和游戏是儿童音乐活动的重要内容。

律动是两个概念的融合。其一是动作，动作是人的最基本的行为方式，能最为直接地表达人的情绪、感情和意识。其二是韵律感。韵律感来自音乐体验，以控制的身体运动来表现音乐，跟随音乐的信息体验并外化音乐。

在律动中，按身体动作的空间位置可以分为原位运动与移位运动。在所有律动中，探索方向（前后、上下、左右）、水平（高中低）、关系（在上方、在下方、穿过或围绕）和方位（水平、垂直或斜对角）。

基本的原位动作：

拍手	拍手心、手掌并做空间探索
摇摆	躯干和手臂的摆动
拉伸	躯干、手臂在空间中的伸展
弯曲	躯干、手臂、腿的下弯卷曲
转向	各种方向的转身
旋转	以躯干为核心的轴向运动
踏步	原位的抬腿至脚掌落地的踏步

基本的移位动作：

走	有拍律地行走、漫步

跑	碎步跑和奔跑
跳	单脚跳、双脚跳、两腿交替跳
跑跳	有弹性地奔跑
滑行	脚掌擦地身体向前或向侧倾斜地运动

原地动作和移位动作可以构成多种组合的可能性。比如，一边走一边进行拍手，在走的过程中加入转向等。在具体实践中，伴随音乐的活动会得到启发和创新。

按肌肉参与情况可以分为大肌肉粗大动作与小肌肉精细动作。上述原位和移位的动作基本属于大肌肉运动。小肌肉精细动作包括掌指关节屈伸、近端指关节的屈伸、指间距的开合、各指独立屈伸。

第四节　智力与发展性障碍儿童律动与游戏指导

一、智力与发展性障碍儿童律动的概念

智力与发展性障碍儿童的律动与游戏的基本出发点是身体律动，是基于音乐听觉体验的身体反应与控制，兼具音乐教育价值及感知觉统合的教育干预功能。关联儿童发展心理学、应用音乐心理学、儿童精神分析学、特殊教育、学习心理学、心理咨询与诊断等学科，是一个跨学科、跨领域的综合性研究领域。儿童始终处于音乐环境中，进行有针对性的运动、游戏、舞蹈和角色扮演等有韵律的身体活动。

1. 音乐音响的联觉

律动包含两个基本要素：动作和韵律感。动作涉及人的肢体运动力度、幅度、方向，身体在空间中的变化，肌肉的紧张和放松，关节的承受压力和放松等，这些不同形态的身体动作通过感官、神经通路向大脑输入不同形态的感觉信息，这些信息形态在音乐律动中都与音乐相对应。

力度、速度是儿童容易辨识的音乐要素，智力与发展性障碍儿童律动体验一般从这两个要素开始，在此基础上发展对音的高低、旋律走向等要素的进一步体验。

音的强弱（力度）是因为发出声音的物体震动幅度不一样。在实际音乐音响感受中，还受音色、和声的影响。强和弱在听觉上是相对而言的。

空间感觉范畴在音强上的联觉对应：强的感受与"近"等感觉对应，弱的感受与"远"的感觉对应，渐强与渐弱跟"渐近"和"渐远"对应。

在力量上，强对应的是"大"，弱对应的是"小"。同时在重力感受上，"强"对应"重"，"弱"对应"轻"。渐强渐弱对应的是向外扩展或向内收缩。

例："大与小"

奥尔夫音乐游戏《小矮人与大巨人》，将音乐的渐强与渐弱和形体"大小"形成联系，音乐渐强则身体变"大"，四肢张开，反之则变"小"，身体抱团。

音的高低是因为发出声音的物体震动频率不一样。音频高，就是我们所说的声音高；频率低，声音也相对低。高和低在听觉上有时是相对而言的。

空间感觉范畴在音高上的联觉对应：高音的感受与"上""高""前"等感觉对应，低音的感受与"下""低""后"等感觉对应。旋律上行，空间感受则为向上向前，旋律下行，空间感受为向下向后。

音高在能量和力量感受方面的联觉：高音的感受与力量"小"的感觉对应，低音的感受与力量"大"的感觉对应。与动作的对应是动作强度大或小。

2. 动作与音乐在时间、空间、力量上的对应

身体运动需要空间和时间，有意识的动作依赖于身体运动的能量控制（力度）。将有意识的动作在空间位置、时间利用和力量使用上进行有机的组合是律动的基础。

（1）时间　音乐是时间的艺术，音乐中的节奏、旋律的进行都是以时间作为载体。律动中的时间指进行动作所需的时间，静止状态的动作也有保持这一动作所消耗的时间。律动在进行过程中对应多种音乐元素，比如节拍、节奏、速度、旋律和休止等。

例：先来玩个游戏。

① 请同学们做一个造型，老师说变的时候换一个造型。

② 继续造型，在听到三角铁的声音的时候换一个造型。

③ 听音乐，教师在每个乐句的最后一拍提示换一个造型。

④ 听音乐，学生自主在音乐中变换造型。

交流：刚才动作造型的时间一开始是以老师的指令来控制的。在音乐进行中，是根据哪个音乐要素进行变换造型的？（乐句）

（2）空间　空间指的是运动区域。个人的专属空间是指所有自己身体内部、身体轮廓以及轮廓之外的空间存在。一般空间是指个人区域之外的其他任何地方。空间位置可以分为内部、外部的横向空间和上、中、下的纵向空间。当参与者移动脚步，使得身体动作扩大到更广泛的空间。所以说，律动既可以是在音乐中的个人空间探索，又可以是空间中的彼此互动。音的高低、旋律进行等构成音乐的空间感。

例如：伸开双臂原地转一圈，要求伸展双臂但确保碰不到别人，这个空间就是你的个人空间。假装自己是一个大气球，随音乐在空间中行走，要求不能碰到他人，不然气球就破了。感受在空间中的行走路径以及与他人的互动。

（3）力量　力量是指律动中的推、拉、平衡、重或轻的体验。掌握控制动作力量的能力，以力量分配来表达音乐的强与弱、渐快或渐慢等，以表达参与者的情绪情感。比如，运用肢体动作的紧张与舒展表现音乐的断与连。

例：聆听《赛马》主题音乐，用三种速度表现音乐。

第一种，四拍一次做手腕带动手臂起伏动作。

第二种，加速，两拍一次做提腕压腕动作。

第三种，再加速，手腕一拍一次，配合脚上跑步动作模拟赛马。

交流：不同速度的动作的肌肉紧张感，不同速度的动作的情绪体验。

3. 多觉联动与儿童感统发展

感知觉统合作为人脑的一种基本能力，是儿童各项能力发展的基础。儿童的感知觉主要有前庭觉、本体觉、触觉，智力与发展性障碍儿童的感知觉统合大多存在问题。律动通过身体动作体验、表现音乐，将听觉、视觉、动觉、唱觉、触觉、前庭觉、本体觉进行感知融合，促进大脑调动各感官联动反应，形成多觉联动。

例如，律动中走、跳、转圈、摇摆等动作指向前庭觉发展，而蹲、起、举高等动作发展儿童的本体觉，拍手、拉手、道具使用等发展了儿童的触觉。这些动作同时发展儿童的肌肉力量与动作的协调性。

二、智力与发展性障碍儿童律动的价值

在律动教学中，作为教师始终要认识到游戏是儿童的工作，只有当教师确信所有的儿童都具有音乐潜能，理解律动和游戏是帮助儿童构建他们对世界的认知的重要工具时，适当的律动活动才能真正开始并实施。

1. 律动与游戏活动作为儿童成长中的重要经历

律动是智力与发展性障碍儿童参与音乐学习体验的重要方式。用身体体验音乐、表现音乐是儿童最直接的学习方式。音乐听觉信息与动作相对应。音乐中的音高、音色、音强、紧张度、速度等要素以及这些要素的不同组合给人带来极为丰富的听觉信息，这些听觉信息直接刺激智力与发展性障碍儿童的神经系统，产生情绪体验及动作反应。不同的情绪体验与动作反应感受是儿童音乐学习的奖赏。这种奖赏应该属于每一个儿童。

2. 支持儿童的全面发展——身体、情感、社会性和认知

从生物学的角度，有节奏的音乐可刺激身体内的细胞分子产生一种共振，以促进细胞的新陈代谢，对人的听觉神经器官的刺激会引起脑细胞的兴奋，改变下丘脑递质的释放，促使身体分泌出一些有益于健康的激素，从而促进儿童的生长。

音乐律动促进智力与发展性障碍儿童的感知觉统合发展。肌肉力量的开发是智力与发展性障碍儿童康复的重要内容，律动动作有意识地锻炼儿童肌肉的力量与灵活性，多觉联动的参与方式促进动作协调发展。儿童协调性的发展反过来有助于肌肉的发展，跑、平衡、拉伸、爬行等是儿童了解自己身体功能的"法宝"。多感官联动引发的大脑、肌肉、神经的共同配合产生知觉反应，促进感知觉统合发展，促进儿童注意力发展。

音乐律动促进智力与发展性障碍儿童的认知发展。在律动中，需要儿童运用联觉、记忆、语言协同、动作协同等，这样的参与过程正是促进智力与发展性障碍儿童认知发展的过程。同时，通过动作探索空间，逐渐建立起纵向、横向的空间意

识，形成高低、左右、前后等空间认知，发展自我与他人的空间互动。在音乐的结构逻辑中，逐渐用身体建立逻辑感。

音乐律动促进智力与发展性障碍儿童的心理健康。从心理学的角度看，音乐能够激起人们无意识超境界的幻觉，使人产生恬静的美感和愉悦的情绪，产生良好心境，促使人放松。音乐结合呼吸开展律动，能让学生放松。稳定的节拍有助于个体体验内在结构感和安全感。在音乐结构中，次序轮流，表达情感，交流合作，发展社会技巧，积极连接信任情感。音乐可以帮助儿童和成年人建立良好的关系。

3. 鼓励儿童自由探索与表达

儿童是行动导向的。运动、舞蹈、游戏不仅是有意思的，而且为儿童提供了倾听、反应和模仿的机会，以及用独特的个人方式运用自己的嗓音、手指、双手、手臂和肢体的机会。在智力与发展性障碍儿童律动中，所有的身体探索与表达都是被允许的，都是被看见并受到鼓励的。

作为教师，我们首先要理解音乐对于智力与发展性障碍儿童的发展具有的基础性意义，在此基础上思考怎样为智力与发展性障碍儿童提供运用身体进行表达的机会，这需要我们对智力与发展性障碍儿童有更多的了解，去理解哪些研究成果能为我们理解智力与发展性障碍儿童提供新的视角与思路。

三、智力与发展性障碍儿童律动的内容

根据智力与发展性障碍儿童感知觉发展特点、动作发展特点，结合智力与发展性障碍儿童的知-动能力发展水平评估，课程编排了"大脑体操""律动游戏"两大板块内容。其中大脑体操主要指向儿童的个体能力，律动设计重点针对粗大动作与精细动作的发展。律动游戏主要指向开放性音乐活动，提供音乐表演机会，指向儿童的社会性互动能力，同时练习在音乐中的反应能力。以上活动都在结合音乐要素开展，在音乐结构中进行。每一个板块根据各自功能分解成若干小项。每一个小项中围绕典型案例开展教学，包括过程学习、教学要点分析、编排原则三个学习点。在每一节的后面，安排拓展练习和思考题，引导学生理解运用所学知识。

根据智力与发展性障碍儿童在校学习的课程特点，结合培智学校"唱游与律动"课程，本教材在第四章编排了课堂教学内容，律动与游戏作为教学方法在课程中的实践探索，教材中的课例来自一线教师的真实课堂，具有很强的实践性。

在第五章，教材编排了"智力与发展性障碍儿童律动的教/学具的设计与运用"，这些教具主要分为三类，分别是教具类、辅具类、学具类（打击乐器），以使儿童的律动与游戏学习体验更丰富。

四、智力与发展性障碍儿童律动典型教学结构

1. 从感知开始

律动学习一定是从大量的感知觉输入开始的。对于低功能的儿童，可以直接从动作开始，在教师辅助下完成音乐与动作的体验。对于高功能的儿童，可以从创设情境开始，比如讲故事，在故事发展中完成音乐与动作体验。感知可以从模仿开始，也可以从音乐反应开始，根据律动的内容和目的来选择。

2. 分析理解

在充分体验的基础上，分析理解音乐与动作的对应。比如音乐的乐句、音乐的曲式结构，理解动作的要点。逐渐在音乐的逻辑中建立起个人的经验。理解可以通过语言交流，运用示范与讲解，将过程完整呈现出来。

3. 表达与表现

经历感知与理解，形成个人经验，将这种经验完整表达出来，就是律动的完整表现。

4. 迁移与泛化

将经验进行迁移。比如将律动节奏迁移到打击乐器上演奏出来，将对乐句的体验用舞动丝巾的方式表现出来等。这是进一步形成个体律动思维过程，是活动的最终目标。

以上教学过程既是师范生学习本课程的基本范式，也是组织儿童开展律动学习的基本流程。智力与发展性障碍儿童虽然个体特殊，但同样有着儿童发展的一般规律，只是教学需要更分解、更具体，提供更多的辅助。这个过程并不一定在一个课时内完成，尤其是智力与发展性障碍儿童，一个作品需要在一段时间内不断滚雪球似的学习。

五、智力与发展性障碍儿童律动教学指南

1. 创设一个舞动的环境

（1）空间要求 律动教学可以在任何场所进行。任何一间普通的教室，只要将桌椅推到周围，就可以是一个活动的场地。如果需要比较大的空间，而且需要使用辅具，那么专门的音乐或舞蹈教室是最好的。在上课之前，要针对课程计划中使用的器材、音乐等做好充分准备。尤其要注意的是，安全第一。

律动既有原位的也有移位动，例如走、跳等，所以需要一个独立的没有障碍物的空间。针对智力与发展性障碍儿童的教学，学生人数一般为4~8人，最多不超过10人，所以空间不宜过大。一是教师的声音、动作可以让每一个学生看到听到，二是方便教师管理。智力与发展性障碍儿童的律动会针对儿童特点设计跪、爬、坐等动作，为吸引儿童乐于参与（如果感觉到痛或者不舒服儿童就会拒绝参

与）、保护儿童不受伤，场地内要铺有地垫或地毯。

（2）材料要求　一个好的律动与游戏需要提供各种各样的材料和教具，在智力与发展性障碍儿童与活动之间做好媒介。首要的任务是教师要为智力与发展性障碍儿童筛选和准备好音乐，我们建议提供风格多样的音乐素材，丰富儿童的听觉体验，以及由此带来的情绪体验与表达。所有的学习材料尽量做到醒目，通过色彩、大小、形状等吸引学生的注意力，同时要注意必须是容易抓握并控制的，因为律动与游戏首先是教育意义上的体验与表达，而非治疗意义上的康复训练，色彩鲜艳的伸缩球就比光滑的皮球更适合智力与发展性儿童掌握使用。为了帮助那些有肢体控制难度的儿童，如脑瘫儿童，还需要借助辅具，比如推背架给予支撑，并能移动。

2. 教师角色与教学开展

在智力与发展性障碍儿童的律动与游戏中，教师是设计者、组织者，还是评估者、见证者，其核心是支持者。首先教师要坚定地相信"律动与游戏是所有儿童都可以学习并享受其中的"，"音乐和律动可以为智力与发展性障碍儿童提供成长机会"。其次教师要认识到智力与发展性障碍儿童与普通儿童的相似之处要多于不同之处，即遵循儿童发展规律，因材施教、循序渐进适用任何儿童。那么，在面对有特殊需要的儿童时，教师才能有耐心，现实面对他们的能力基础和活动进度，提高有效的教学技巧，提供多样的反馈强化他们的努力。

（1）适宜智力与发展性障碍儿童律动学习的框架　循序渐进，由易到难体现在智力与发展性障碍儿童学习的全过程。从容易的节奏开始，从原位到移位，从个体到互动，从模仿到自主。

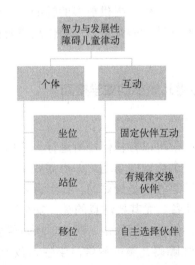

（2）智力与发展性障碍儿童律动的教学方法　智力与发展性障碍儿童的律动教学要遵循一般儿童的教学规律，要激发兴趣，鼓励探索，尊重差异，个别化教育与集体教育相结合。一般儿童的学习是一个台阶一个台阶往上走，而特殊儿童的学习

增长量比较缓慢，甚至在一段时间内看不出能力增长。所以，了解儿童的基础能力，了解儿童的需求，用他们适宜的方式，才能使教学有效并持续。

① 教学从儿童的学情分析开始。

② 教学要从音乐分析出发。

③ 教学要提供模仿的范本。

④ 教学动作要分解，使用分段教学方法，并提供辅助。

⑤ 教学要提供多感官学习，兼顾康复功能。

⑥ 要提供充分练习的机会，不断重复建立熟悉感，积累个体学习经验。

⑦ 要体现分层教学，提供难度水平不一的任务。

⑧ 注重个别化教育。

⑨ 要提供成功的体验，强化学习效果。

思考与拓展

1. 你经验中的律动与游戏是怎样的，学完本章内容之后你有哪些新的认识？

2. 阅读学习《义务教育音乐课程标准》（2011 版）和《培智学校义务教育唱游和律动课程标准》（2011 版）。思考普校音乐教学中的律动与特校音乐教学中的律动内容以及目标指向差异。

第二章
智力与发展性障碍儿童律动
——大脑体操篇

⚘ **学习目标**

1. 理解大脑体操的工作原理，认识其音乐教育价值及康复价值。

2. 熟悉知觉-动作能力评量表，理解儿童知动能力发展的顺序与特点。

3. 自主学习配套视频资料，操作练习，掌握大脑体操经典案例示范，理解创编与教学原则。

第一节　智力与发展性障碍儿童大脑体操概述

智力与发展性障碍儿童在情绪控制能力、手眼协调能力、双侧协调能力、触觉反应等方面表现异常，在专注力、记忆力等方面有明显障碍。这些障碍影响了儿童的学习与发展。儿童学习是通过身体的感觉器官往大脑输入信息，由大脑对这些信息进行解释、整理、组织、整合，然后身体器官与肢体才能做出正确的反应。

一、什么是大脑体操

大脑体操体现律动的基本特征，即韵律性与动作性。在音乐结构中，通过肢体外部动作学习与展示，增强肌肉动觉刺激的体验和身体运动的功能，提高儿童本体运动控制能力。音乐是有节奏的空气动力波，儿童接受优良乐性声波，刺激大脑产生兴奋，可以促使其脑神经元轴突、树突级突触，促进神经细胞的连接增多，增强神经连接牢固性，激活产生新的神经元，促进大脑成长。律动步骤、内容的记忆、认识和反应都有很大帮助，从而改善大脑、神经系统、肌肉和身体各部位的协调和功能。

身体部位的运动情况与大脑活动有着超乎我们想象的深刻联结。生物进化学、生理学、神经学综合研究得出的研究发现，大脑并不是控制所有想法和情感产生的唯一"操控者"，肢体的运动方式对想法同样有着深远的影响，越来越多的证据证实，可以通过特定的肢体运动，反向去改变大脑。

智力与发展性障碍儿童大脑体操，是基于身体—大脑可逆化。通过模仿外部动作，建立动作发展模式，逐渐感知音乐、动作、空间的逻辑关系。在此基础上，逐渐进入认知指挥动作的学习阶段。肌肉力量的开发是一种物理作用下的技能运动，肌肉物理现象的发生与精神的构想有着直接的关系。大脑与肌肉活动的相互作用激活生理和心理的应用范围。通过肌肉控制与释放，建立大脑—身体—大脑通道，促进核心大肌肉动作、精细动作协调发展。

1. 大脑体操遵循儿童知觉—动觉能力发展顺序。

2. 大脑体操基于儿童知觉—动觉能力发展基础。

3. 大脑体操在音乐结构（节拍、乐句、乐段）发展中进行。

4. 大脑体操可以一对一开展，也可以小组的形式开展。

5. 大脑体操提供儿童一般的机会去经历动作的成功性，这种经验是愉快的，他们喜欢去重复地经历。

二、智力与发展性障碍儿童大脑体操内容

智力与发展性障碍儿童大脑体操的动作主要指向儿童的核心稳定、四肢协调、手部小肌肉发展等，即粗大动作发展和精细动作发展。通过练习建立四肢各关节屈、伸、收、展、旋等主动运动的意识，提高各关节活动功能，对腰背肌力、腹肌肌力、下肢力量、手的抓握与放松以及骨盆的稳定性起到提升作用。发展本体感知觉与运动的统合能力，辅助儿童对"上、下、左、右"等抽象的空间的认知，提高其认知水平。本教材主要从大肌肉粗大动作和小肌肉精细动作两个方面展开研究实践。

第二节　知觉—动觉能力发展大脑体操

智力与发展性障碍儿童大多存在稳定性差、姿势不正确、动作不协调、专注力差等情况。其根本原因是本体觉及前庭觉差，大脑对粗大运动、精细运动的协调性控制能力较差。大脑体操是以躯干为核心，关联骨盆稳定、下肢力量的律动活动，让儿童在音乐的伴随下，对自身运动的力量、空间、方位、速度有更好的感知，并根据节奏、音色、强弱等音乐元素，提升大脑对肌肉的控制能力，提高粗大运动能力及动作协调性，发展音乐感知及表达能力。

在这项律动活动中，以儿童知觉—动觉能力评量（表 2-1）为依据，从项目内容中选取动作元素，结合音乐表现性元素，由易到难，由简单到复杂，循序渐进开

展音乐律动活动，该项活动主要指向儿童的个体能力，是基于其个体能力评估而开展的兼具康复功能的律动表现活动。

表 2-1 知觉—动觉能力评量

项目编号	项目内容
0	（诱导）坐20° 摆位椅或倒坐楔形垫
1	（诱导）扶物高跪2秒
2	（诱导）独立高跪2秒
3	（诱导）跪走前进3步
4	（诱导）单手扶持各单脚半跪1下
5	（诱导）单手扶持交替半跪3下
6	（指令）跪走前进3步
7	（指令）跪走倒退3步
8	（指令）交替半跪3下
9	（指令）交替半跪及复诵数数1～10下
10	（指令）交替半跪及复诵发音数数1～10下
11	（指令）交替半跪及自主数数1～10下
12	（指令）交替半跪及诱导建立1～10数量概念
13	（指令）独立各单脚稳定半跪姿站立起1下
14	（指令）独立交替半跪及交叉举手并数数1～10下
15	（指令）扶地蹲姿2秒
16	（指令）独立蹲姿2秒
17	（指令）连续蹲站2次
18	（指令）扶地向前蹲走3步
19	（指令）独立向前蹲走3步
20	（指令）独立向后蹲走3步
21	（指令）四点爬姿正确对侧交替抬手抬脚并倒数10～1下
22	（指令）独立连续向前蹲跳2下
23	（指令）独立连续稳定向后蹲跳2下
24	（指令）独立单脚站5秒
25	（指令）四点爬姿交替抬手抬脚维持10秒并倒数10～1下
26	（指令）单脚独立原地连续跳5下及各维持姿势控制5秒，并配合数数

注：本表引自重庆市江津区向阳儿童中心改编自叶仓甫全人疗育评估表。

该评量表一共 26 项，以儿童知觉—动觉的发展为主要内容，包含儿童的感觉、动作、认知、语言以及社会、心理等领域的能力为一体，以儿童知觉—动作的表现来分析其各大发展领域的目前情况。经实践，与儿童在学习时的行为表现息息相关，为广大教师提供了参考依据和动作创编基础。该评量表第1～12项是智力与发展性障碍儿童主要为上肢及骨盆阶段的评估项目，第13～26项为下肢阶段的评估项目。

本教材的大脑体操从第6项开始，即具备前6项知动能力的儿童为教学对象，以典型案例的体验、理解为基础，关注音乐元素、动作元素，掌握编排原则，分析操作要点。

一、音乐元素

节奏和节拍、乐句、旋律的走向、休止、乐段、速度等。

二、动作元素

1. 基本元素

摇摆：躯干和手臂的摆动、头颈左右摆动。

拉伸：躯干、手臂在空间中的伸展。

弯曲：躯干、手臂、腿的下弯卷曲。

跪：高跪、跪坐、半跪、交替半跪。

爬：四点着地爬行、四点着地交替抬腿、抬手。

蹲：蹲起、蹲走、蹲跳。

走：下肢有节奏直立行走、高跪走、蹲走。

跳：单脚跳、单脚连续跳。

2. 动作元素的康复价值

智力与发展性障碍儿童因自身障碍，导致能掌握控制的动作比正常人少，分析动作的康复价值有利于更好地设计运用这些动作，并在过程中评估律动的价值。康复价值一般从身体和心理两个方面体现。以"跳"这个动作为例，我们可以发现，很多人无法离开地面跳起来，不仅仅是因为动作能力不足，还在于心理层面被压制导致不愿意展示自己。所以，在律动中跳的动作具有锻炼下肢力量、增强肢体动作协调能力的康复效果，在心理层面，通过各种跳跃展示、显现自己，表达愿意被别人看到，愿意跟他人分享的意愿。在《我是一个跳跳球》的律动游戏中，让每个孩子化身为跳跳球，在特定的节奏上一起跳起来，学生的兴奋度、参与度非常高。因此，分析动作元素的康复价值，研究其对智力与发展性障碍儿童的情绪、心理、认知、社会发展的影响，可以为这些儿童设计更具个别化的律动。

三、大脑体操设计原则

1.动作的发展顺序原则

根据学生的动作能力发展设计与选择动作。姿势体位基本是按照以下顺序：高跪—交替跪—蹲，坐位—站位—移位。下述案例中的部分直立行走可根据学生个体情况调整为高跪行走。

2.由易到难原则

律动动作除了体现在动作发展顺序，还体现在动作控制能力和动作协调的难易程度上，比如，保持动作控制时间要根据学生的能力由短到长，动作协同比分离容易，协调更难，从相同部位的协调（如上肢协调）再到多个部位的协调（上下肢协调），从单一到复合，一边拍手一边改变方向等。要充分了解智力与发展性障碍儿童掌握这些动作的难易规律。

3.音乐性原则

律动要体现音乐元素，关注儿童感统发展的同时更要关注儿童的联觉发展。用音乐的逻辑帮助儿童建立内在逻辑。音乐的选择要节拍清晰、乐句明显、结构简单。

4.辅助性原则

根据个体特点及时提供辅助，包括语言辅助、动作辅助、物件辅助等，支持儿童获得成功的体验。

5.集体与个别化教育原则

设计时要考虑多种方案，为不同特征的孩子提供多样的可选择方式。在集体教学中体现分层教学，集体教学之外提供个别指导。

6.开放性原则

充分发挥儿童的天性，鼓励儿童创新，要有留白让儿童自主创作。

四、典型案例

以下案例是基于儿童知觉—动觉能力评估的大脑体操实践，由天台县特殊教育中心提供研究实践，并完成教学资料拍摄。

（一）大脑体操一阶

大脑体操一阶动作对应的是特教版《知觉—动觉能力评量表》中第6～12项内容。将高跪、交替半跪、跪走、交替半跪数数等知觉—动觉康复内容融入律动教学中，重点在于通过律动进一步发展儿童的躯干及骨盆的稳定，为后续能力发展打好基础。活动可以根据学生能力情况进行直立、行走等方式律动。

案例2-1

案例 2-1　视频 1　　案例 2-1　视频 2

1. 学生已有知动能力

① 扶物高跪姿。

② 独立高跪姿。

2. 律动目标

① 拍打不同身体部位，发展听觉、视觉、触觉、本体觉。

② 当音乐开始时摇动身体会跟着做拍打动作，发展稳定的恒拍感；能在老师的提示下按乐句变换动作。

③ 在音乐中保持跪坐、高跪姿势，发展躯干核心稳定能力。

3. 音乐—《伊比呀呀》

4. 律动描述

儿童跪坐在地垫上进行被动体验：第一乐句，拍孩子的背部；第二乐句，拍孩子的肩膀；第三乐句，拍孩子的大腿。听音乐重复这三个的动作。

儿童跪坐—高跪变换姿势律动：第一乐句，跪坐拍手；第二乐句，起身高跪拍肩膀；第三乐句，跪坐—高跪，四拍变换一次，拍腿。听音乐重复这三个乐句的动作。

5. 律动教学

（1）引起动机　告诉儿童，今天我们要为火车加油，怎么加油呢？（教师示范有节奏地拍腿动作）让每一个小朋友都尝试拍打身体各个部位。

（2）律动组织

① 活动 1：被动体验

A. 组织学生跪坐在地上，当音乐响起，转换成高跪姿势。

B. 教师哼唱音乐，在学生身上做拍肩、拍腿、拍背动作，让儿童通过触觉感受。

C. 播放音乐，教师在儿童身上做拍肩、拍背、拍腿动作，并按乐句转换不同的拍击部位。

② 活动 2

A. 组织学生跪坐在地上，当音乐响起，转换成高跪姿势，这个环节可重复练习，并视学生控制身体的状况决定练习的次数。

B. 引导学生重复拍击身体的不同部位：肩、腿、手等，可以询问他们有没有其他的建议。

C. 组织学生面对面跪坐，音乐响起，转换成高跪姿势，随音乐做恒拍动作，并在第四乐句尝试进行同伴互动（面对面拍手）。

③ 活动 3：律动游戏活动

A. 组织所有儿童排成一纵列并坐在地上，要求双腿叉开，上身挺直靠近前方同学，教师在队伍的最后（如有儿童不能独立坐稳，由助教在其身后辅助）。然后告诉儿童，我们现在就是一列小火车了。

B.教师指示儿童：火车就要开了，我们要拍起来为火车加油。当音乐响起，教师告诉学生要跟着音乐的脚步一起拍，教师用动作和语言辅助学生按音乐节奏做拍打动作。

C.教师指示儿童：拍拍腿、拍拍肩、拍拍前面同学的背。在音乐中，教师按乐句做出动作转换的指令，比如：现在开始拍拍肩！

D.练习以上三个步骤。

E.调整队形，组织儿童向后转向，换方向重复练习刚才的律动。

（3）评量

① 当音乐开始时，儿童的身体能马上跟着动起来吗？

② 儿童在拍打身体部位时，哪个部位最难稳定？

③ 尝试与儿童交流：刚才小朋友互相拍打身体的时候，你有什么样的感觉（好玩、喜欢或者其他）？引导儿童体会这样的互动是一种友好的表达与反应。

（该案例由天台县特殊教育中心陈艺文老师提供）

案例 2-2

1.儿童已有知动能力

① （诱）单手扶持各单脚半跪姿 1 下。

② （诱）单手扶持交替半跪 3 下。

③ 交替跪走 4 步。

案例 2-2 视频 1　　案例 2-2 视频 2

2.律动目标

① 在指定的音乐乐句进行打鼓律动。

② 按音乐乐句完成交替半跪，两个乐句交替一次。

③ 在完成交替半跪律动的基础上尝试跪走律动。

④ 在敲鼓律动中发展听觉、触觉、视觉、本体觉、前庭觉等多感官协同能力。

3.音乐——《敲大鼓咚咚咚》

4.律动描述

单脚半跪—交替半跪律动：第一乐句，听音乐单脚半跪姿下拿起鼓棒；第二乐句，敲鼓三下；第三乐句，单手扶持交替半跪 1 下；第四乐句，敲鼓四下。听音乐重复这四个乐句律动。

跪走律动：围成一个圆圈，圆心放一大鼓。第一乐句，向圆心跪走 4 步；第二乐句，跪坐姿势，敲大鼓；第三乐句，高跪姿势，摇动手腕；第四乐句，跪坐，敲大鼓；间奏，逆时针绕圆心跪走 4 步，跪坐 4 拍，再跪走 4 步。听音乐重复以上律动。

（该案例由天台县特殊教育中心陈艺文老师提供）

案例 2-3

案例 2-3 视频

1.儿童已有知动能力

① （诱）跪走 3 步。

② （指）前进跪走 3 步。

③ （指）倒退跪走 3 步。

2.律动目标

① 按乐句结构进行律动。

② 循序渐进开展高跪姿、前进跪走、倒退跪走等原位及移位律动，发展上肢、骨盆力量及动作协调能力。

③ 在音乐情境中表演四点着地摔倒并起身，体验音乐表演的快乐。

3.音乐—《小企鹅学走路》

4.律动描述

小企鹅学走路，摇摇摆摆真可爱，引导孩子高跪的姿势左右摇摆模拟小企鹅走路。听音乐《小企鹅学走路》，孩子高跪的姿势下学企鹅前进走路。第一乐句，小小企鹅学走路——独立高跪姿；第二乐句，小小企鹅学跑步——独立高跪姿下用力甩动手臂（走之前的预备姿势）；第三乐句，摇摇摆摆学走路 摇摇摆摆学跑步——前进跪走四步；第四乐句，啊哦跌倒了——四点着地，表演摔倒。听音乐重复这四个乐句的动作。

听音乐《小企鹅学走路》，儿童以高跪的姿势学企鹅倒退走路。第一乐句，小小企鹅学走路——独立高跪姿；第二乐句，小小企鹅学跑步——独立高跪姿下用力甩动手臂（走之前的预备姿势）；第三乐句，摇摇摆摆学走路 摇摇摆摆学跑步——倒退跪走四步；第四乐句，啊哦跌倒了——四点着地，表演摔倒。听音乐重复这四个乐句的动作。

听音乐《小企鹅学走路》，让孩子高跪的姿势下学企鹅倒退走路。第一乐句，小小企鹅学走路——独立高跪姿；第二乐句，小小企鹅学跑步——独立高跪姿下用力甩动手臂（走之前的预备姿势）；第三乐句，摇摇摆摆学走路 摇摇摆摆学跑步——前进跪走两步，倒退跪走两步；第四乐句，啊哦跌倒了——四点着地，表演摔倒。听音乐重复这四个乐句的动作。

（该案例由天台县特殊教育中心陈艺文老师提供）

案例 2-4

1.儿童已有知动能力

① 交替半跪 3 下。

② 交替半跪及自主数 1～10 下。

案例 2-4 视频 1　　案例 2-4 视频 2

2.律动目标

①按音乐节拍进行交替半跪，发展稳定的拍感。

②抬头挺胸模拟军人行进姿势，协调操作形成良好的姿态。

③在音乐中边律动边数数，发展听觉、视觉、本体觉、前庭觉、认知等。

3.音乐——《玩具进行曲》《十个小印第安人》

4.律动描述

（1）《玩具进行曲》

准备姿势：高跪。

动作：交替半跪，同时双手做前后摆臂，抬头挺胸模拟军人原位踏步摆臂姿势。四拍一次完成摆臂交替半跪，重复。

（2）《小印第安人》

准备姿势：高跪。

动作：四拍一次交替半跪10次，跟随动作拍手，大声数数（从1~10）。

（该案例由天台县特殊教育中心陈疆老师提供）

大脑体操一阶的教学要点分析：

（1）该阶段的案例重点在于恒拍的体验与表现，通过示范、带领、肢体辅助等方式让儿童体验动作与节拍的对应关系。

（2）关注儿童的多感官参与，听觉、视觉、触觉、动觉等联动反应。

（3）引导儿童关注自己的身体形象。在教学中，不断提醒儿童正在表现的对象，比如正在学习走路的企鹅、威武的解放军等，尽量控制身体稳定。

（4）引导儿童关注老师和同学的动作，发展模仿能力和社会交往能力。

（5）音乐律动是愉快的体验，活动要循序渐进，在儿童的能力范围内开展律动。

（6）这一阶段的儿童核心力量弱，动作协调性差，要关注个别差异，最好有助教辅助教学。

（二）大脑体操二阶

大脑体操二阶动作是特教版《知觉—动觉能力评量表》中第13~20项能力基础上的律动。将扶地蹲姿、独立蹲站、连续蹲站动作融入律动之中，重点进行下肢及膝踝足的弯曲伸直稳定能力练习。在此基础上，加入上肢的协同、分离动作，以及上下肢的协调动作，进一步发展协调能力。

案例 2-5

1.儿童已有知动能力

①扶地蹲姿2秒和独立蹲姿。

案例 2-5　视频

② 连续蹲站 2 次。

2. 律动目标

① 在音乐节拍中完成拍手、拍地声势律动。

② 在乐句中完成双臂交替滚动动作，促进听觉、视觉、本体觉、前庭觉等协调能力。

③ 在音乐中完成多次下蹲、起立动作，促进下肢、膝踝足弯曲伸直的稳定控制能力及动作协调能力。

④ 上肢交替挥手配合蹲起动作，开展上肢分离、上下肢协调动作。

3. 音乐——a ram sam samza

4. 律动描述

前奏，由全体学生做左右点头动作。

第一个八拍做左右拍手动作，1～4 拍左边三下，5～8 拍右边三下。

第二个八拍双手做交替滚动下蹲并蹲姿拍地三下。1～4 拍双手交替滚动下蹲，5～8 拍拍地两下扶地。

第三个八拍做左右挥手动作，1～4 拍左手挥动，右手扶地，5～8 拍右手挥动，左手扶地。

第四个八拍同第二个八拍做双手交替滚动由蹲姿慢慢站立拍手三下。1～4 拍双手交替滚动站立，5～8 拍拍手三下。

间奏，做左右点头动作。

第一个八拍做左右拍手动作。

第二个八拍双手做交替滚动下蹲并蹲姿拍地三下。

第三个八拍做连续蹲站两次，左右交替挥手。1～4 拍左手挥手完成一次蹲站，5～8 拍右手挥手完成一次蹲站。

第四个八拍双手交替滚动完成一次蹲站，拍手三下结束。

（该案例由天台县特殊教育中心许敏委老师提供）

案例 2-6

案例 2-6　视频

1. 儿童已有知动能力

① 独立地蹲姿 2 秒。

② 连续向前蹲跳 2 下。

2. 律动目标

① 在乐句中完成律动。

② 在律动中练习上肢协同、分离动作，发展动作协调能力。

③ 在乐句中进行站立、蹲站、蹲跳动作转换，发展下肢、膝踝足弯曲伸直的稳定控制能力及动作协调能力。

④ 在律动中体验高低纵向空间。

3. 音乐—歌曲《花儿开了》

4. 律动描述

小小花儿微微笑，

太阳公公抱一抱，

浇浇水呀浇浇水，

Bo bo bo bo 花开了。

前奏做左右点头。

第一个八拍，双手放下巴前位置做小花动作。

第二个八拍，双手放头顶做圆形动作。

第三个八拍，双手放身体两侧做开指抖动，随身体下蹲由上往下放。

第四个八拍，连续向前蹲跳 2 下，起身做花开造型。

间奏同学两两握手做转圈动作。

重复以上动作。

这一阶段大脑体操的教学要点分析：

① 继续引导儿童体验和表现恒拍，同时关注音乐乐句的感知与表现。

② 儿童逐渐进入认知指挥动作的学习，在示范-模仿的基础上，鼓励儿童大胆尝试自己的动作表现，比如花开造型等。

③ 基于儿童的实际能力进行教学，关注个别差异，及时提供辅助。

④ 上下肢的协调动作难度大，要鼓励儿童尝试完成，重在参与体验。

⑤ 引导儿童关注自己的身体形态，尝试感知是什么部位在做动作。

⑥ 引导儿童关注老师和同学的动作，模仿-互动中增强社会互动意向。

⑦ 引导学生感受空间，比如蹲的时候是低，站起来是高。

（该案例由天台县特殊教育中心许敏委老师提供）

（三）大脑体操三阶

大脑体操三阶动作是特教版《知觉—动作能力评量表》中第 21～26 项目。将单脚跳、连续单脚跳、四点爬姿交替抬脚、手维持等动作融入律动之中，进一步发展儿童的下肢肌力与耐力，全身弯曲下伸直稳定控制两侧平衡能力。

案例 2-7

1. 儿童已有知动能力

① 四点爬姿交替抬脚、手。

② 四点爬姿交替抬脚、手各维持 5 秒、10 秒或以上。

案例 2-7　视频

2.律动目标

① 在律动中感受 AB 乐段对应的是不同的动作。

② 能独立合拍做动作，表现恒拍。

③ 根据指令完成四点爬姿对侧交替抬脚、抬手的动作保持，发展两侧协调平衡的能力。

3.音乐—游啊游

4.律动描述

（1）坐姿律动：想象自己是一条小鱼在玩耍。

A 部分：拍腿（前 4 个乐句）、拍手（后 4 个乐句）。

B 部分：模仿自由泳，双手交替向前。

重复一次：其他不变，A 部分拍手时双手居高过头顶，手臂伸直。

（2）地垫律动：小鱼们跳进河流一起游啊游。

A 部分（高跪姿）：拍腿（前 4 个乐句）、拍手（后 3 个乐句），第 4 个乐句变换姿势。

B 部分（四点爬姿）：交替抬脚、手（保持 4 拍，即 1 个乐句）。

重复一次：其他不变。

B 部分（四点爬姿）：交替抬脚、手（保持 4 个乐句，5 秒）。

（3）围成圆圈：在 B 部分和对面的同学打招呼，时间保持到 8 个乐句（10 秒左右）。

A 部分（高跪姿）：拍腿（前 4 个乐句）、拍手（后 3 个乐句），第 4 个乐句变换姿势。

B 部分（四点爬姿）：交替抬脚、手（保持 4 个乐句）。

重复一次：其他不变，B 部分（四点爬姿）：交替抬脚、手（保持 8 个乐句，10 秒）。

（该案例由天台县特殊教育中心许丽芳老师提供）

案例 2-8

1.儿童已有知动能力

① 单脚连续跳 4 下。

② 单脚站连续跳 8 下。

③ 单脚站保持 4 秒。

案例 2-8　视频

2.律动目标

① 在音乐节拍中进行单脚跳。

② 独立连续稳定的单脚跳，发展单侧膝踝足的稳定控制及左右平衡的能力。

③ 自主选择喜欢的动物，进行动作模仿，并设计造型表现。

3. 音乐—《猜一猜现在谁出场》

4. 律动描述

① 按地面格子进行单脚跳 5 次，在第五个格子中站立表演动物造型。

② 按乐句进行逐个轮流。

教学要点分析：

① 连续的单脚跳要根据学生的实际能力，可以连续也可以单脚跳和双脚跳交替。

② 鼓励儿童选择自己熟悉的动物形象进行模仿表演。

③ 小鱼游的时间要鼓励儿童坚持保持动作，以达到锻炼康复目标。

④ 教师尝试用语言表述概念，让儿童理解并做出概念的表达。

⑤ 关注儿童情绪，及时调整学习进度。

（该案例由天台县特殊教育中心许丽芳老师提供）

五、拓展练习

（一）音的强弱与原位蹲起律动

1. 过程描述

（1）教师和学生围成一圈，教师演奏手鼓，引导学生听节奏做身体和头部的节奏性律动，有能力的同学加上拍手和膝盖屈伸动作。

　　×　　　　×　　　　×　　　　×

（原位）

（2）当听到大鼓的声音突弱的时候，做下蹲动作。

　　×　　　　×　　　　×　　　　×　　　　×　　　　×　　　　×　　　　×

（原位）　　　　　　　　　　（下蹲）

（3）鼓声恢复常态，起立继续做原位身体律动。

（4）重复以上步骤。

2. 教学要点

（1）律动组织可以是有规律的蹲起律动。比如八拍或四拍原位站立律动后下蹲。

（2）律动组织也可以是即兴的蹲起律动，教师即兴敲击出强拍节奏，儿童即兴反应。

（3）基于音的强弱的感受与表现，教师可以用身体示范做出动作表现，也可用语言辅助，用不同的力度喊出节拍，然后鼓励儿童一起把节拍用声音表达出来。

（4）教师的语言辅助指令从"蹲、起"慢慢过渡为"下、上"。让儿童体验身体在空间中的垂直位置变化。

（5）可以让不同的学生来敲鼓，可以是有规律的敲出强拍，也可以是随机敲出强拍。

（二）音高中的蹲起律动

1.过程描述

（1）学生在教室中自由行走，教师根据学生的速度弹奏音乐，逐步使音乐速度与儿童的步伐保持一致。

（2）音乐停止，儿童动作停止。教师弹奏上行音阶，儿童努力使躯干上升，并抬手过头顶。

（3）在音阶的最高音上，教师弹奏节奏型，儿童双手高举摇摆或拍手律动。

（4）音乐继续，儿童继续行走或原位拍手摇摆运动。

（5）音乐停止，儿童动作停止。教师弹奏下行音阶，儿童下蹲使躯干降低，并用手触碰地面。

（6）在音阶的最低音上，教师弹奏节奏型，儿童有节奏地击打地面。

（7）交流刚才的感受。

（8）重复以上步骤。

2.教学要点

（1）教师尽量去配合儿童的行走速度，而不是让儿童来跟上教师的速度。

（2）学生的律动感差异大，甚至有的学生没有律动感，助教老师可以拉着学生的手一起走，或者在学生背部轻轻拍击辅助他体验音乐律动。

（3）音乐停止前有明显的提示，儿童可以做出成功的反应。

（4）上行和下行音乐要提前练习，确定学生能听出音的高低走向。

（5）当学生没有能力做到行走时，先原位，做音阶的上行和下行反应练习。

（6）在练习中，根据学生情况创设情境，比如"飞机起飞""飞机降落"等。

（7）关注儿童的音乐联觉发展，引导儿童自己说出音乐感受，比如坐电梯的感觉，滑滑梯的感觉。

（8）发展儿童的能动性，鼓励儿童结合已有生活经验表现不一样的高低走向的动作。

（三）乐句中的蹲起律动

1.过程描述

（1）准备：站立姿势，聆听音乐前奏。

（2）第一个乐句，慢慢下蹲。

（3）第二个乐句，慢慢起来。

（4）第三个乐句，抬手向上伸展。

（5）第四个乐句，落下还原。

（6）重复练习。

2. 教学要点

（1）教师要有语言辅助，以帮助儿童听辨乐句，并逐渐减少语言辅助。

（2）儿童在律动过程中由于力量不足，会产生惰性，不愿意下蹲和抬手，教师可以用物件辅助，比如向上伸展的时候在上方举甜甜圈物件，引导儿童伸手去够甜甜圈。

（3）音乐的结构有助于帮助儿童建立逻辑，即要保持一个乐句换一个动作。

（4）儿童对乐句的时间感知不充分，会导致动作过程与音乐时间不同步，教师可以拉着儿童的手引导。

（四）综合练习一：《几肢着地》（改编自陈蓉《从头到脚玩音乐》）

1. 过程描述

（1）教师让每个孩子伸伸自己的双手和双脚，数一数一共有几个，告诉孩子把自己的双手双脚统称为"四肢"。

（2）反应练习：教师说"1"，就是单腿站立。教师说"2"，可以有哪些动作？"3"和"4"又可以怎么表现？（单脚直立、双脚直立、高跪、单腿跪等姿势都要充分尝试）

（3）老师播放音乐《几肢着地》，当音乐旋律进行的时候学生在教室里行走，音乐中出现休止时立即停下，当音乐旋律再次出现时继续行走。

（4）第二次播放音乐，教师在乐句即将结束前一小节提出几肢着地的要求，比如说"3"，学生就在休止处做出"三肢着地"的动作。音乐旋律再次出现继续行走。

（5）在音乐中重复练习。

2. 教学要点

（1）活动从坐位开始，骨盆稳定有助于儿童更专注地聆听音乐。在反复聆听音乐的过程中，熟悉音乐旋律的进行与休止，以及音乐与动作的对应关系。

（2）对于行走有难度的学生，可以始终用站位或坐位，通过摇摆身体或拍手感受音乐行进。

（3）行走的时候根据学生情况选择直立行走或高跪行走。

（4）学生重心不稳、力量不足容易摔倒，教师要及时辅助并鼓励。

（5）活动指令要根据学生的实际情况，开展差异化、个别化教育。

（6）要充分发挥学生的创造力和能动力，鼓励学生做更多尝试，及时发现并分享儿童的创意动作，让所有孩子模仿。

（五）综合练习二：《高、中、低》（改编自宋丹老师特殊儿童律动案例）

1. 学习任务

（1）感受乐句，学习在乐句中行走及停止。

（2）在乐句中完成造型。

（3）高、中、低三种方位的造型创意表现，在过程中建立上、中、下的空间认知。

2.过程描述

（1）请同学们做一个造型，老师说变的时候换一个造型。

（2）继续造型，在听到三角铁的声音的时候换一个造型。

（3）听音乐，教师在每个乐句的最后一拍提示换一个造型。

（4）听音乐，一个乐句换一个造型。

（5）交流：找三名学生的造型，从高、中、低三个方位进行引导。

（6）听音乐，一个乐句原位身体律动，一个乐句做造型，要求体现空间的高、中、低。

（7）听音乐，一个乐句行走，一个乐句做造型要求体现方位的高、中、低。

3.教学要点

（1）活动从言语提示、乐器提示，到自主聆听，是一个不断提升儿童听觉—动作反应能力的过程。

（2）活动从自主造型到有空间要求的造型，从原位到移位，是一个循序渐进的过程，需要在前一阶段充分完成的基础上，进行到下一阶段。

（3）在乐句中完成行走和造型，需要有提前量，教师要做提示，比如数拍子。

（4）该活动综合性较高，不是一次活动就能完成的，可以作为一个阶段的律动任务。

（5）辅导儿童造型要联系儿童的生活经验，回忆生活中的一些场景动作。

（6）一般来说，发展性障碍儿童不太愿意做举得很高和蹲很低的动作，要做更多示范和引导。

★课外练习

1.观看案例视频，以小组为单位，尝试进行案例教学。即一人组织律动教学，组员参与互动。记录过程，并讨论反思。

2.独立设计一个大脑体操并展示。

（1）目标具体可评估，兼顾音乐能力和康复要求。

（2）律动设计符合儿童能力基础，遵循儿童发展规律。

（3）律动展示要求动作协调，姿态优美，有表现力。

第三节　精细动作的大脑体操

"手是身体的大脑。"——康德

手的动作与大脑的发育有着极为密切和重要的关系，对儿童感知觉、运动、语言、认知等发展有着极大的助益。手指操，是儿童在大脑运动皮层的控制下通过肌肉调配肩关节、肘关节、腕关节、手指各部位的相关肌肉的收缩与伸展，锻炼精细动作，发展手眼协调能力。随着音乐（儿歌）有节奏的律动，培养节奏感，开发左右脑，提高专注力，增强空间方位感，还可拓展为互动游戏，发展社会性交往能力。

智力与发展性障碍儿童的手部精细动作一般会存在问题，要发展智力与发展性障碍儿童的精细动作能力，需要促进其手部基础抓握发育、双手协调和手眼协调的发育并且降低手部肌张力及提升上肢及手部的肌力。手部基础抓握动作的发育可以让儿童跟随节奏感较强的音乐配合奥尔夫音乐器材中的节奏棒、沙蛋等进行练习；双手协调和手眼协调的动作发育可以让儿童跟随轻柔的音乐配合奥尔夫音乐器材中的单响筒、双响筒或两指相对、两拳相对、拍手等动作进行提升；降低手部肌张力可以让儿童跟随舒缓的音乐让肌张力过高的小肌肉松弛下来；提高手部力量包括上臂、前臂、手腕、手指的力量，主要包含肩关节的稳定性训练、肘关节屈伸、腕部屈伸、指间开合等动作。手部灵活性的训练，包括手腕和手指的灵活性。手指韵律操是在音乐动律中的手部运动，朗朗上口的民间童谣、活泼欢快的儿童歌曲都是很好的音乐素材。

一、儿童精细动作发展顺序特点

（一）儿童精细动作发展顺序

精细运动能力（Fine Motor Skills）指个体主要凭借手或手指等部位的小肌肉或小肌群的运动，在感知觉、注意等心理活动及上肢其他部位的配合协调下完成特定任务的能力。人体基本姿势和移动能力的发育是上肢精细运动发育的基础，视知觉活动不仅参与精细运动，同时也促进了上肢精细运动的发育。所以，姿势和移动、上肢功能、视觉功能三者之间是相互作用、共同发育的关系。

（二）手部精细动作发展相关要素

手抓握动作过程主要如下：手伸向物体→抓握物体→放下物体或操作物体。根据手部精细动作的发育规律设计出相应的动作及音乐元素如表2-2所示。

表2-2 动作及音乐元素

序号	动作元素	音乐元素	目标指向	音乐素材
1	肩部绕环	节拍、节奏、速度	促进肩关节的稳定性、上臂肌肉力量发展	民间童谣儿童歌曲
2	肘屈伸	节拍、节奏、速度	肘关节灵活性、前臂肌肉力量发展	
3	压手腕	节拍、节奏、速度	腕关节的灵活性（力量与灵活性）	

续表

序号	动作元素	音乐元素	目标指向	音乐素材
4	掌指关节的屈伸	节拍、节奏、速度	促进手部肌肉力量、灵活性	
5	近端指尖关节的屈伸	节拍、节奏、速度	手指小肌肉精细动作发展（力量与灵活性）	
6	指间距的开合	节拍、节奏、速度	手指小肌肉精细动作发展（力量与灵活性）	民间童谣儿童歌曲
7	对手指	节拍、节奏、速度	视、听、动觉协调发展空间觉发展	
8	手心相对拍手	节奏	动作协调能力，本体感觉发展	
9	双手插住指缝握拳	节奏、和声	动作协调能力，动作理解能力	

二、精细动作大脑体操编排原则

1. 发育性原则

遵循人体发育规律中精细动作发育的规律，手的知觉功能发育、双手协调动作发育、视觉功能发育、手眼协调能力发育和精细动作发育顺序等方面。比如，根据从近端到远端的发育顺序，拳、掌比手指动作容易，手指的灵活性顺序一般为食指、拇指、中指、小指、无名指。

2. 音乐性原则

手指律动中音乐音响形态是在时间上分布的，具体体现为有规律的强弱拍（节拍）和节奏型。因此动作要与音乐合拍，才能使音乐音响形态与感觉信息形态精准对应。比如动作的开合、屈伸等要与音乐的强、弱拍契合，同时身体动作伴随韵律感，音乐的速度要根据儿童的能力进行调整。

3. 动作、语言协同原则

律动与音乐学习同步进行，用语言辅助理解、记忆动作，在音乐律动中发展语言能力。

4. 趣味性原则

设计游戏情境，在情境中玩游戏，提高趣味性，并适当选用激发儿童兴趣的教具，使游戏理念融入其中。

5. 社会性原则

充分发挥教学艺术，教师和学生、学生与学生之间要有充分互动，在肢体触碰中激发儿童的互动意识，以提升其社会交往能力。比如互相拉手、拍手、对指、对拳等。

三、典型案例

（一）项目一：上肢放松操

以下案例从脊柱姿势控制到肩关节稳定性最后过渡到手部放松，既可以作为降低肌张力的上肢律动操，也可以作为热身导入环节。

律动目标：

① 在儿歌节奏中维持躯干动态平衡。

② 在律动中从肩关节、肘关节、腕关节、手部关节随着呼吸调整进行放松。

③ 找到上肢整体放松的正确本体感觉。

案例2-9 肩部/臂部/手腕

案例2-9 视频

1. 律动目标

① 在儿歌节奏中开展上肢运动。

② 在律动中有节奏地运用肩关节、肘关节、腕关节。

③ 在动作中感知小海鸥拼搏不怕困难的精神。

2. 案例描述

以下案例从肩部到腕部，从双手对称动作到单手轮替动作，从上肢过渡到手部进行律动设计与教学分析。在此基础上，不断迁移，以掌握编创原则与方法。

（1）明确活动部位（肩、肘、腕）

肩关节：前屈、后伸、内收、外展。

肘关节：前屈、后伸。

腕关节：掌屈、腕屈。

（2）结合儿歌朗诵进行律动

儿歌：小海鸥

小海鸥（双臂环绕抱肩），真勇敢（双臂打开屈肘握拳）

飞得高（双臂向下手掌打开）来飞得远（双臂模仿海鸥做飞翔动作）

我们（双手掌叠在胸口）学习小海鸥（肘关节屈伸）

不怕辛苦（左手摆动）不怕难（右手摆动）

案例2-10 肩部/臂部/手腕

儿歌：小汽车

小汽车（双手叉腰），嘀嘀嘀（耸肩运动）

开过来（双手做握方向盘动作）开过去（双手转动方向盘）

小宝宝（双手做握方向盘动作）当司机（双手做握方向盘动作及肘关节屈伸）

送妈妈（压腕）上班去（前后摆臂）

儿歌：早晨

鸡爸爸（双臂自然下垂），跳出窝（双臂侧平举），拍拍翅膀唱支歌（双臂模仿小鸡扇动翅膀）

小小鸡（双臂屈肘），跳出窝（双臂前平举），歪着脖子听广播（双臂前平举同时颈部侧屈）

鸡妈妈（双臂侧举45°），跳出窝（双臂侧举45°同时并足跳），去跳老年迪斯科（前后摆臂）

教学要点分析：

① 基于儿童的实际动作能力，明确练习部位，教会儿童正确的动作发力方式。

② 双臂动作同步，发展儿童的动作协同能力。

③ 动作与儿歌朗诵同步进行，要有韵律感。

④ 朗诵一开始由教师示范，逐步要求儿童一起大声朗诵。

⑤ 与儿童日常经验相结合，抓住角色特征，进行模仿。

⑥ 启发对角色的认知及情感，加入情感表现。

⑦ 关注儿童完成动作时的姿态，培养儿童体态美。

⑧ 律动时结合认知，比如"上、下、前、后"等。

⑨ 可反复练习。

（二）项目二：手掌手指律动操

以下案例从手腕放松到手指放松，提升手部的基本抓握动作能力，降低手部肌张力。

律动目标：

① 在儿歌节奏中灵活运用手掌。

② 配合手指律动加强手部的抓握能力。

③ 找到手部放松的正确本体感觉。

案例2-11　拳掌/手指操

律动目标：

① 在儿歌节奏中开展手指律动。

② 在律动中有节奏地运动掌关节、指关节。

③ 结合日常经验，感知不同人物形象表现。

案例描述：以下案例从拳掌到手指，从双手协同到双手协调合作，从个体律动到合作互动进行律动设计与教学分析。在此基础上，不断迁移，以掌握编创原则与方法。

1. 明确活动部位（拳与掌）

爸爸——握拳

妈妈——全手掌

宝宝——摇手掌

2. 结合儿歌朗诵进行律动（先单手，再双手）

儿歌：爸爸妈妈宝宝

爸爸瞧（握拳），妈妈看（全手掌）

宝宝的小手（摇手掌）真好看（拍手声势律动）

爸爸瞧（握拳），妈妈看（全手掌）

宝宝的小手（摇手掌）看不见（放到背后）

爸爸（握拳）妈妈（全手掌）一起看

宝宝的小手又出现（双手绕腕身前摊手）

3. 手指精细动作律动

爸爸——拇指

妈妈——食指

宝宝——小指

教学要点分析：

① 基于儿童的实际动作能力，明确练习部位，比如是手指还是拳掌。

② 双手动作同步，发展儿童的动作协同能力。

③ 与儿歌朗诵同步进行，教师要不断示范强化。

④ 与日常经验相结合，人物角色表现加入情感表现。

⑤ 反复练习。

自主练习儿歌：小花猫学洗脸

小花猫（双手掌打开放在脸两侧），

学洗脸（双手掌打开在面前画圆），

不用手（双手掌摇动），

用舌舔（双手握拳放在脸上），

左一舔（左拳放脸上），右一舔（右拳放脸上），

一舔舔个大花脸（双手掌打开放在脸两侧）。

案例 2-11　视频

案例 2-12 　手指操

案例描述：以下案例从手部的非精细抓握到精细抓握，从单个手指到对指动作进行律动设计与教学分析，主要活动部位有全掌抓握、精细抓握、对指动作，在本案例中应用奥尔夫音乐器材结合儿歌进行律动。

（1）儿歌：五个好娃娃

五个好娃娃（张开双手手掌），乖乖睡着啦（全掌握住沙蛋），

公鸡喔喔啼（全掌晃动沙蛋），叫醒五娃娃（将沙蛋放下），

拇指姐姐（伸出拇指）起床了（双手拇指碰一下），

食指哥哥（伸出食指）起床了（食指拇指对指），

中指哥哥（伸出中指）起床了（中指拇指对指），

四指弟弟（伸出无名指）起床了（无名指拇指对指），

五指妹妹（伸出小指）起床了（小指拇指对指）。

案例 2-12 视频 1

（2）儿歌：彩虹桥

雨过天晴白云飘（双手各自做五指散开并拢），蓝天飞架彩虹桥（拿起八音敲琴）

赤橙黄绿青蓝紫（一手拿琴一手从上到下敲击琴键），数数颜色有七道（一手拿琴一手从下到上敲击琴键）

彩虹桥（双手握琴），谁来造（左右晃动琴）

太阳公公点头笑（一边点头一边四指敲琴）

教学要点分析：

① 手指动作要到位。

② 奥尔夫音乐器材也可以换成其他教具，增加变化。

③ 与儿歌朗诵同步进行，教师要不断示范强化。

④ 反复练习。

案例 2-12 视频 2

（三）项目三：双手协调及手眼协调

以下案例需要双手的同步动作、轮替动作，以发展儿童的双手协调及手眼协调能力。

律动目标：

① 在儿歌节奏中进行律动。

② 在律动中发展双手协同、手眼协调能力。

③ 儿歌朗诵与律动同时进行，发展触觉、听觉、视觉、语言等。

案例 2-13 双手协同律动

儿歌：《爬山坡》

姿势：坐姿/跪姿/站姿，边念儿歌边按节奏左右摇摆躯干。

一只小熊（食指/拇指/小拇指）叫多多（拳头点头），

爬呀爬呀爬上坡（手掌拍着叠高/搓手），

叽里咕噜滚下来（胸前车轮转，可用体操圈/小呼啦圈辅助），

一滚滚到（车轮转）小山窝（拍手/双手插住指缝握拳/小山造型）。

教学要点分析：

① 在律动过程中，根据儿童情况选择不同的体位，如坐姿、站姿、跪姿，进一步发展学生的核心稳定能力。

② 手指从食指开始，依次到拇指、小指。

③ 车轮转是发展性障碍儿童较难掌握的动作，可以用体操圈或是小呼啦圈辅助。

④ 双手插住指缝握拳、小山造型、拍手这三个动作，难度不一样，根据儿童的能力确定。

⑤ 所有动作都是跟童谣的节奏统一的，速度根据儿童的能力调控。

⑥ 鼓励儿童参与儿歌朗读，用语言辅助动作完成，用动作带动语言发展。

案例 2-14　从个体到互动

律动目标：

① 结合儿歌表演完成手指的小肌肉练习，发展儿童的精细动作。

② 在儿歌中完成双手分工合作律动。

③ 在充分感知的基础上，尝试双人合作律动。

儿歌：《小豆芽》

律动描述：

个体版：

小豆芽呀（右手食指），钻泥巴呀（左手手掌），

钻一下，抖一下（右手食指在左手手掌之下做钻与抖的动作），

钻呀钻呀钻呀（双手合作上下运动模拟钻的动作）

钻呀钻呀钻呀（双手合作上下运动模拟钻的动作），

开花花（双手合作成花状），

结瓜瓜（双手握拳成果实状）。

合作版：

小豆芽呀（一人出右手食指），钻泥巴呀（一人出左手手掌），

钻一下，抖一下（两人合作右手食指在左手手掌之下做钻与抖的动作），

钻呀钻呀钻呀（双手合作上下运动模拟钻的动作）

钻呀钻呀钻呀（双手合作上下运动模拟钻的动作），

开花花（手拉手合作成花状），

结瓜瓜（两人拥抱成果实状）。

教学要点分析：

① 儿歌感知可以从躯干大动作练习开始，熟悉儿歌的同时锻炼儿童的躯干核

心稳定。

　　②从大肌肉到手指的小肌肉练习，发展儿童的精细动作。

　　③重点关注双手的协调、手眼协调能力，要求两只手要接触。

　　④在个体充分感知的基础上，加入互动表演，关注儿童接触性互动。

　　⑤鼓励创造，尝试各种开花或果实形状。

　　⑥鼓励儿童参与演唱，关注儿童音乐节奏感知与表现能力。

四、拓展练习

　　拓展练习是一个更综合的活动，集朗诵、歌唱、表演于一体，对表演者的节奏、音高也有较高要求，同时该内容具有互动性，提供了一个很好的亲子互动、师生互动、同伴互动的机会。歌词"小妞妞"可以根据对象改为"小哥哥""小弟弟"等。

案例2-15　《勾勾手》

　　1.童谣分析

　　《勾勾手》是一首很有情趣性的童谣，可唱可念，一字一音，活泼欢快，歌词来自儿童最喜欢的勾手游戏。童谣最有意思的是来自模拟亲嘴发出的声音"啵"的节奏型变化，分别是×—/×　×/××　×/××　××四种节奏型，既表现了儿童活泼调皮的形象，也是对节奏型的表现能力练习。

　　2.动作分析

　　小妞妞（出小指），勾勾手（小指互勾），

　　亲亲嘴来啵（双小指放唇上亲亲动作），做朋友（拍手）。

　　拓展动作：亲亲嘴的多种动作，拇指互触，食指互触，中指互触，无名指互触。（对应四种节奏型）

　　3.教学要点

　　（1）从小指开始，这是勾手游戏的基本动作，最符合小朋友的经验。

　　（2）要先熟悉童谣，在不断地演唱、示范过程中熟悉童谣。

　　（3）动作参与可以从一个动作开始，比如，选择勾手和拍手，其余动作由老师完成。

　　（4）"啵"的节奏是重点也是难点，单独练习，但动作与语言要同步。

　　（5）在儿童掌握的基础上，增加互动性，比如与身边的小朋友勾勾手、拍拍手。

　　（6）速度要以儿童适宜为度，但要按照童谣的节奏动律。节奏有助于儿童掌握童谣的念唱与记忆。

（7）要有拓展练习，比如拇指和拇指是好朋友，所以他俩亲亲嘴。比如木鱼和木棒是好朋友，所以他俩亲亲嘴（打击乐器演奏），等等。对儿童的任何想象都要认同并鼓励。

思考与练习

1. 理解手指律动的相关关节部位及主要运动方式，分析锻炼目标。

2. 寻找记录身边的童谣，练习掌握童谣的念诵或歌唱，学习其在日常生活中的使用或游戏方式，分析其功能。

3. 将课堂学习的手指操，设计成可以互动的手指游戏。

第三章

智力与发展性障碍儿童律动游戏教学

🧩 **学习目标**

1. 理解律动游戏在智力与发展性障碍儿童成长中的价值。

2. 掌握智力与发展性障碍儿童律动游戏的基本特点，能够表演、示范各类游戏的范例。

3. 能够创编不同类型的律动游戏，并能尝试进行教学。

4. 能参与并感受律动游戏活动带来的愉悦感，能创造性地开展律动游戏活动。

玩是儿童的天性，游戏是儿童的生命，律动游戏是人与音乐、人与人相连接的重要方式，是儿童表达情感、探索关系、描述经历以及表达愿望的媒介。对于智力与发展性障碍儿童来说，在带领者及团体成员共同创设的游戏情境中，在音乐中，自然而然地经历活动，在不断重复中，经验情绪、感受和习得，从而得到正负面情绪体验，宣泄与表达，这个过程也是演练应对现实环境需要的种种能力的过程，是学习建立积极的行为方式的途径。智力与发展性障碍儿童的律动游戏最基本的特征是有趣的、有变化的，是孩子感兴趣的，并与孩子能力相匹配的。

第一节　概述

一、律动游戏的概念

看到律动游戏，大家可能会问"律动游戏与律动有什么不同"。律动可以通过游戏的方式开展，比如在律动的过程中去找一个朋友，然后和朋友一起律动，这样的互动就具有游戏性了。本章中的律动游戏体现律动的两个基本特征，即动作性和韵律性。律动游戏是指在歌曲或乐曲的结构中开展游戏，一般按音乐的内容（歌词）、节奏、乐曲的结构等进行，动作与游戏内容、规则相结合。在游戏中，音乐指挥、促进和制约游戏活动，游戏内容和规则又能帮助儿童更具体、形象地感受和理解音乐，获得一定的情绪情感体验。

律动游戏是智力与发展性障碍儿童成长中的一种重要音乐活动。游戏一般以2人及以上的小团体形式开展，根据智力与发展性障碍儿童的特点，律动游戏的创作原型大多来自儿童熟悉的传统经典游戏，有固定的游戏规则，易于儿童理解并参与。根据创作途径，一般分为基于游戏原型的律动游戏、基于康复动作的律动游戏、指向音乐表现性要素的律动游戏三大类。根据游戏内容，可以分为对抗性游戏、情境表演性游戏等。根据组织方式，可以有双人游戏、团队游戏等。律动游戏来自儿童的已有经验，融于儿童的日常学习生活中，是智力与发展性障碍儿童成长的重要方式。本章主要结合游戏内容和创作路径，从传统型律动游戏和表演性律动游戏两个部分进行教学。

二、智力与发展性障碍儿童律动游戏的功能

（1）统整逻辑感　游戏的结构性、重复性、轮换性可以帮助智力与发展性障碍儿童建立逻辑感。这种逻辑感既来自游戏规则，也来自音乐本身的逻辑。比如，在游戏参与者的角色轮序规则中，获得秩序感，在音乐要素与游戏结构的对应中，积累关于关系的直接经验。

（2）获得力量感　律动游戏有一定的对抗性，既需要一定的体能，又需要直面游戏情境并做出反应的勇气和力量，接受成功或失败的游戏结果的心理调适能力。

（3）促身心发展　游戏的即兴性使得活动过程较为开放，是锻炼儿童反应能力、身体协调能力的好方式。音乐的表达性与游戏的互动性，使得儿童自然地释放情绪，达到身心疗愈的效果。

三、智力与发展性障碍儿童律动游戏的特点

智力与发展性障碍儿童律动游戏因游戏参与个体的独特性，游戏的内容、形式、组织等既体现一般游戏的特征，又具有特殊性。

1. 互动性

这是最重要的特点，律动游戏为智力与发展性障碍儿童提供与人交往互动的机会，借由游戏情境，进入游戏角色的互动中，从而发展交往的意愿与能力。因此在律动游戏中，内容与形式都要体现互动性。

2. 音乐性

音乐能推动游戏的进行。音乐的节奏、速度变化可以提示儿童进入游戏的新部

分，比如当音乐进入第二乐段，往往将游戏带入新的环节。音乐促进或限制动作，合适的音乐速度、明确的音乐节奏、鲜明的音乐情绪可以帮助儿童更好地完成动作，比如在音乐中模拟动物的行走，在快速的音乐中追逐等。同时儿童的动作要体现音乐性，必须控制动作的进行，使之与音乐相吻合。

3. 结构性

首先体现在律动游戏内容与过程要有结构性，对于智力与发展性障碍儿童来说，结构性的活动有利于其参与，有序的过程与明确的规则能帮助其建立秩序感。同时，结构性更要体现在游戏结构与音乐曲式结构的匹配性。游戏的开始、变化、结束与音乐要有明显的关联点，使音乐性与游戏性充分结合。

4. 疗愈性

在律动游戏的情境中，参与者的动作、情感、情绪、认知、社交得到整合。智力与发展性障碍儿童在感知觉、语言、认知、情绪与心理等方面都存在一定的障碍，由个体残疾所致的原发性情绪与心理问题，再加上由于感知功能异常所引发的继发性情绪与心理障碍，使得他们情绪敏感、缺少安全感。在设计动作的时候，不仅要考虑动作的表达性，还要兼顾康复性，将感统、精细动作、语言、大动作等领域进行整合。在设计造型或队形时，要充分考虑互动性，提供合作机会，以促进儿童发展出适应社会所需要的能力。

5. 辅助性

因对象的特殊性，在团体律动游戏中，主导性角色一般由教师或助教担任，以更好地主导游戏顺利进行；其次，个别学生在游戏过程中需要帮助，可以有助教、家长等人员辅助其参与；再者，为促使游戏顺利进行，需要用一些道具进行辅助，比如用圆圈进行定位、用软垫保护等。

6. 生活性

一方面，游戏的内容来源于学生的生活，应在儿童一定经验的基础上开展游戏。比如耳熟能详的传统游戏，喜闻乐见的电子游戏等。另一方面，这些律动游戏也可以融入其日常生活，为家庭亲子游戏、班级课间游戏等提供素材。

7. 发展性

智力与发展性障碍儿童的律动游戏是可不断反复的、可轮序的，在此基础上，可以不断发展游戏内容与形式，儿童的能力也可以在这样的过程中螺旋上升。游戏中自由与规则并存，为儿童的自主发展提供了时间与空间。

8. 动态评估性

智力与发展性障碍儿童的个体差异大，在游戏前、游戏中、游戏后都要对儿童的学情进行全面的评估，为个别化教学和集体教学的开展提供依据。这也是智力与发展性障碍儿童律动游戏的主要特点。

四、智力与发展性障碍儿童律动游戏创编

1. 选择游戏内容

选择设计儿童喜欢的游戏。使儿童感兴趣的前提是与其生活相关，通过语言和示范学生能理解的游戏，具有一定竞争性的游戏也能激发儿童的好奇心并产生参与的欲望。

2. 明晰游戏规则

包括游戏角色设定、游戏过程结构化等，简单明确易理解的游戏规则更利于游戏的开展。在游戏规则的制定阶段，可以让儿童参与，以便为游戏开展做好准备。

3. 设计游戏动作

律动游戏的动作要与游戏内容紧密相关，从日常游戏中提炼核心动作，评估儿童已有动作能力，确定动作。选择的动作不要太多，动作交替不要太快。一般来说，随着游戏的进行，可以有规定动作和自主动作两部分。

4. 选择相应音乐

选择与游戏内容与形式相匹配的音乐。对于智力与发展性障碍儿童来说，一般以中速偏慢、节奏明确、结构清晰的音乐为宜。根据游戏结构，选择相应的曲式结构。比如，丢手绢游戏分为试探性丢手绢和追捕性丢手绢两部分，那么音乐就要选择两段体结构的音乐；打地鼠以原地蹲起动作为主，可以选择速度偏快一点的音乐。而在一些位移的游戏中，考虑儿童的实际能力，音乐速度要偏慢一些。

五、智力与发展性障碍儿童律动游戏教学

（1）基于学情评估开展教学，包括儿童已有动作能力、互动意愿等。教师要团队协作，充分做好活动前后的评估，及时调整教学内容与策略，处理好个别化教学与集体教学的时机与内容。

（2）通过示范与模仿，学习律动动作。教师通过动作示范和讲解让儿童理解游戏内容与规则，在互动中学习，在游戏情境中掌握律动表演。

（3）分解游戏，降低难度，循序渐进。从儿童熟悉的部分开始，从儿童容易掌握的活动开始，逐步推进游戏活动。比如打地鼠游戏，可以从儿童熟悉的打地鼠经典场景入手，即一方拿气锤打地鼠，另一方用蹲起的动作玩躲避被打的互动游戏，在充分掌握该阶段活动的基础上，拓展游戏，加入移位找新家的游戏部分。

（4）要不断重复。儿童对于音乐的记忆与理解，对于动作的掌握都需要在不断反复中得到结构化。儿童只有在掌握游戏规律的过程中才能深入参与游戏，获得更深层次的愉悦感，从而产生更积极地参与的意愿，各项能力也就在这样的重复中得到锻炼与提高。

第二节　传统游戏改编的律动游戏

在儿童的成长过程中，传统游戏是伴随其成长的重要活动。学生对游戏内容和规则较熟悉，有利于开展活动。传统律动游戏就是选取一些学生较熟悉的经典游戏，提取适合智力与发展性障碍儿童完成的典型动作，根据游戏内容与结构选择音乐，在音乐的框架下重新设计游戏，引导儿童共同参与游戏。这些游戏以促进儿童即时反应、团队合作为主要目的。

一、传统律动游戏的创编结构

1. 收集儿童熟悉的经典游戏，解构游戏内容，提取典型动作

比如"石头剪刀布"游戏的典型动作就是拳、掌、指（同时伸出食指与无名指），这三个动作都指向手部精细动作。

2. 评估儿童的动作能力，设计律动动作

联合康复教师，对智力与发展性障碍儿童的动作能力进行评估，结合其短期目标与长期目标，设计与其能力相适配的律动动作。比如"石头剪刀布"不仅可以用手部动作表现，还可以用下肢动作表现石头（双腿并拢）、剪刀（双脚一前一后）、布（双脚左右分开）。对于正在训练下肢力量及协调能力的儿童就可以玩这个游戏。

3. 重构游戏

在解构游戏的基础上，根据儿童能力重构游戏，使游戏解构化并具有重复性。比如传统的"老鹰捉小鸡"游戏，根据游戏情境，可以分为互相试探和老鹰追小鸡两个部分。第一部分以集体律动为主，表现老鹰和鸡群的对峙与试探；第二部分游戏更具开放性，老鹰伺机进行追逐，母鸡跟随进行阻拦，小鸡们随机躲逃。然后又回到第一部分，可以不断重复。

4. 选择音乐

根据游戏内容情境选择、制作音乐，音乐的表现性要素从情境创设和律动表演两个方面进行考虑。比如针对"老鹰捉小鸡"游戏，音乐必须是两段体的，第一部分音乐节奏相对平稳、乐句工整，第二部分音乐速度加快或者节奏更紧凑，体现追逐奔跑的情境。

5. 整合

根据游戏结构和音乐特点，设计律动表演动作，使情境、音乐、动作互相融合。这个过程可以从游戏的基础部分开始，根据儿童对游戏的熟悉程度不断叠加、变化。

二、典型案例

智力与发展性障碍儿童律动游戏教学从游戏素材选择、确定游戏目标、学情分析、游戏描述、游戏教学要义、游戏评估六个方面开展。

案例 3-1 ✲ "老鹰捉小鸡"

案例 3-1　视频

1. 游戏素材

"老鹰捉小鸡"是一款经典的儿童团体游戏，经久不衰，深得儿童喜爱。游戏以老鹰想要捉小鸡，母鸡奋力保护小鸡为游戏动机，以老鹰能否捉到队伍最后一只小鸡为游戏结果。在游戏中，有正面的较量，有即时的灵活应对，需要一定的反应能力与体力，是一项需要团队齐心协力完成的游戏。

2. 学生将能够做到下列几项

① 学生能理解游戏内容，并积极参与游戏。

② 学生能自主/根据教师语言提示/跟随同学在音乐结构中完成游戏互动。

③ 学生能随音乐节奏做横向位移动作。

④ 能在动作、方向上与团队保持一致，体验游戏的快乐。

3. 学生已有动作能力

① 能向左向右做横向位移动作。

② 能单腿屈膝站立保持 1 拍。

③ 能在较快速度移动中调整方向。

4. 游戏角色：老鹰、母鸡（排头）、小鸡们（中间）、小鸡（排尾）

5. 律动游戏描述

① 根据游戏要求形成游戏队形，母鸡带领小鸡成一列，老鹰面对面站立。

② 游戏第一阶段：互相试探。

第一乐句：母鸡带领小鸡向左横移，在最后一拍抬起右腿，身体向左倾斜做探头观察状。

第二乐句：向右横移。

第三乐句：重复第一乐句动作。

第四乐句：重复第二乐句动作。

③ 游戏第二阶段：老鹰追逐小鸡。

老鹰向目标做不同方向的位移跑动，母鸡带领小鸡做防御性跑动。

6. 律动游戏教学要义

① 在大家都了解"老鹰捉小鸡"游戏内容和规则的基础上开始律动游戏。

② 创设游戏情境，在情境中学习、练习主要动作。先分乐段进行游戏练习。

③ 老鹰、母鸡、小鸡（排尾）这三个重要角色一般由老师或者助教担任，游戏

熟练后，可以邀请能力强的同学担任其中的某一个角色。

④ 第一阶段游戏的音乐表现目标重点是合拍横向位移，以及按乐句转换动作；第二阶段游戏能按听辨音乐结构进入游戏活动就可以。

⑤ 在熟练游戏的过程中，根据学生表现提高律动表现力，比如用表情、肢体动作的幅度大小表现游戏情绪。

⑥ 重复游戏。

7. 游戏评估

① 学生能否将游戏与音乐结构进行对应。如在听到第二乐段音乐的时候进入追逐游戏，当第二乐段结束的时候结束追逐，并能跟随大家进入第二轮游戏。

② 学生能在游戏中跟随大家做出方向调整的行动吗？

③ 学生之间有没有冲突？

④ 有没有学生跌倒？如果有，他是否愿意继续参加游戏？

（该案例由天台县特殊教育中心陈颖老师提供）

案例 3-2　"丢手绢"

案例 3-2　视频

1. 游戏素材

"丢手绢"是一款耳熟能详的传统经典游戏，游戏者围坐成一个圆圈，丢手绢者在圆圈外围绕圈移动，然后偷偷地将手绢放在某个成员的背后，该游戏成员发现后奋力直追，游戏以是否能顺利丢下手绢并不被其抓住为结果。游戏成员不能随时看到其行动位置及动作，给游戏增添了小小的刺激。

2. 学生将能够做到以下几项

① 在理解"丢手绢"的游戏内容和规则的基础上，学生能自主或在教师提示下在音乐结构中完成游戏。

② 能按乐句完成绕圈走并尝试丢手绢的动作。

③ 学生能在听到第二乐段音乐的时候迅速进入抓人游戏，其中丢手绢的人及时逃跑，拿到手绢的人起身追逐，其余同学加油。

3. 学生已有动作能力

① 下蹲姿势或坐地上姿势保持。

② 独立蹲起动作。

③ 绕圈快速位移能力。

4. 律动游戏描述

（1）游戏第一阶段：丢手绢

① 在教师组织下围成一个圆圈，并坐下。

② 第一乐句，丢手绢的人在圈外绕圈行走，在乐句结束时假装做丢手绢动作。

③ 第二、第三乐句重复第一乐句。

④ 第四乐句，在乐句结尾将手绢放在目标人背后。

（2）游戏第二阶段：追逐游戏

① 第二乐段音乐起，拿到手绢的人起身追逐，丢手绢的人逃跑，并在音乐结束前回到目标人位置坐下。

② 如果没能在音乐结束前回到目标人位置坐下或者被抓住，丢手绢的人失败；如果能及时回到位置，游戏进入下一轮。

③ 音乐重复，游戏重复。

5. 律动游戏教学要义

① 游戏性与音乐性相结合。"丢手绢"游戏时，能跟随音乐节拍行走，并在乐句结束做丢手绢动作；在实际游戏中，允许学生创意表达，比如在过程中多做几次丢手绢动作等。

② 在充分熟悉音乐、理解游戏的基础上开展游戏活动。比如丢手绢部分，可以先进行原位手绢传递游戏，引导学生在音乐中按顺时针或者逆时针传递手绢，在乐段结束处将手绢举起。

③ 规则与变化。游戏的要义在于规则，在智力与发展性障碍儿童的律动游戏中，会有很多意想不到的变化，要允许其发生，然后教师可及时介入做出调整，使游戏能继续下去。

④ 如果有学生不能保持蹲或者坐地上的动作，可以在过程中变换姿势，也可以用矮凳帮助其在位置上坐稳。

⑤ 手绢可以用色彩明亮的纱巾替代，吸引学生注意力。

⑥ 游戏的时候要有助教在一旁观察，以防在追逐中出现摔倒等意外发生。

6. 游戏评估

① 学生能在音乐结构中完成音乐游戏吗？

② 学生能用动作表现出节拍及乐段等音乐要素吗？

③ 学生会在过程中表现出游戏策略吗？比如故意将手绢藏起来不被发现，或者故意用手绢去吸引注意力，表现出游戏主导者的快乐。

④ 学生在游戏过程中有摔倒的吗？会继续游戏吗？

⑤ 他们喜欢这样的游戏吗？

（该案例由天台县特殊教育中心陈颖老师提供）

案例3-3 "打地鼠"

1. 游戏素材

该游戏来自现实生活中人机互动的打地鼠游戏，一人对多只地鼠，地鼠随机露头，打地鼠者将其打中为得分，打中越多得分越高。游戏者需要高度集中注意力，眼明手快，同时还要动作精准，是一款老少

案例3-3 视频

咸宜的经典游戏。在律动游戏中，由学生扮演机器中的地鼠，教师担任打地鼠者，配以音乐，在音乐节奏中开展互动游戏。

2. 学生将能够做到以下几项

① 在理解"打地鼠"的游戏内容和规则的基础上，能自主或在教师提示下在音乐结构中完成游戏。

② 能在音乐中按节拍做有韵律的蹲起动作，并根据游戏现场情况做出反应调整。

③ 能在游戏第二阶段有目的地调整、寻找新的位置，感受游戏成功的快乐，如没找到新的位置，能接受结果。

④ 能在律动游戏中感受变化并做出动作反应，体验游戏中与人互动的紧张和快乐。

3. 学生已有动作能力

① 能在固定地点做连续蹲起的动作。

② 能在空间内做有方向有目的的位移，能改变方向与路径。

4. 音乐选择

二段体音乐，二拍子或四拍子音乐，节奏清晰，在音乐情绪上可选择诙谐活泼的歌曲或乐曲。

道具：呼啦圈、塑料气锤。

5. 律动游戏描述

（1）游戏第一阶段：打地鼠

① 空间内不规则摆放呼啦圈，模拟地鼠的家，学生站到呼啦圈中扮演地鼠。

② 教师扮演打地鼠的人，用气锤模拟打击学生的头部，被打的学生在原位做出下蹲躲避的动作反应，待其走后马上起立。

③ 教师按音乐节拍持续打地鼠，学生不断做出反应。

（2）游戏第二阶段：换新家

① 打地鼠的人离开，地鼠马上离开原有位置，去寻找新的位置（呼啦圈）。

② 助教拿走其中的一个呼啦圈，使得新家比地鼠数量少 1。

③ 音乐结束，没有找到新家的地鼠退出游戏。

④ 游戏继续从第一部分开始，重复游戏。

6. 律动游戏教学要义

① 对于打地鼠，有的学生并不熟悉，但面对被攻击做出下蹲躲避动作是学生的一般反应，教师可以通过示范、模拟等方式让学生了解游戏内容和规则。

② 打地鼠的人是游戏的主导者，一般由教师承担，该角色要把控游戏的节奏，根据学生的能力、情绪状态做出调整，确保学生都能进入游戏。

③ 教师的动作要体现音乐性，用夸张的动作和表情引导学生在音乐中完成下蹲动作，感受音乐的节拍与速度。

④ 游戏的第二部分要强调音乐的结束感，要引导学生聆听判断音乐结束的时机，并做出动作反应。

⑤ 游戏过程中教师要面带微笑，动作夸张但没有攻击性，以免给学生带来紧张压迫感。

⑥ 学生能力水平有差异，允许学生根据自己的情况做出动作反应，比如微微下降身体而非深蹲，鼓励学生用不同的身体姿态参与游戏，比如单腿蹲、下蹲和起身时伴随上肢动作等，鼓励创造。

⑦ 游戏现场需要有助教辅助。

7. 游戏评估

① 学生能在面对打地鼠的人时做出动作反应吗？下蹲的幅度有多大？

② 学生能在打地鼠的人转移目标后即时起立吗？有哪些同学需要辅助？

③ 学生在换新家的游戏过程中能做出积极的反应吗？

④ 观察学生的动作，是否在反复的游戏中，逐渐体现出韵律感？

（该案例由天台县特殊教育中心陈颖老师提供）

案例 3-4 《贪吃蛇》

案例 3-4　视频

1. 游戏素材

该游戏来自一款经典的休闲电子游戏，玩家通过控制蛇头方向吃道具，从而使得蛇变得越来越长。

2. 律动游戏

一人扮演蛇，在空间内朝各个方向行进，拍击目标对象的身体部位，表示其已成为自己的美味。目标人则配合表演，站到蛇的身后，与其成为一体，继续寻找下一个目标，随着游戏进行，蛇身越来越长。

3. 学生将能够做到以下几项

① 能在游戏中做出对视、肢体接触等互动性动作。

② 能努力在游戏中与同伴的动作、方向保持一致，确保队伍顺利前进。

③ 能跟随同伴，在音乐中行进，感受音乐的速度、节拍等。

④ 能听辨乐句，在教师提示下或自主在乐句的末尾做出动作反应。

4. 学生已有动作能力

① 能在音乐中连续跪走。

② 能在行进中停止。

5. 音乐选择

速度中速偏慢，节奏清晰，乐句工整的二拍子或四拍子音乐，音乐所表现的情绪欢快或诙谐。

6. 律动游戏描述

① 所有学生围成一个稍大的圆圈，成员间距适当拉大一些，坐姿或站姿都可以。

② 教师扮演贪吃蛇出场。

③ 第一个乐句，教师在空间内跪走，乐句的最后两拍停在目标面前并用手接触其身体部位，目标对象随即起身跟在贪吃蛇身后。

④ 第二个乐句，贪吃蛇和学生一起跪走，寻找新的目标对象，并通过接触身体部位完成互动，贪吃蛇变成三人。

⑤ 依此类推，一个乐句完成与一个对象的互动。

7. 律动游戏教学要义

① 跪走是儿童动作康复中的一项训练内容，把它运用到游戏中，要注意动作的稳定性以及音乐性。

② 要事先了解儿童的参与意愿，有些儿童抵触身体接触，不能强求。

③ 游戏要在音乐乐句的结构中进行，教学可以从熟悉音乐入手，从原位的肢体动作感受乐句开始，到移位动作，再进行互动游戏。在互动游戏中，可以从教师与儿童一对一互动开始，教师与每一位儿童互动，在此基础上，让儿童参与到队伍中来。

8. 游戏评估

① 儿童跪走的动作姿态稳定吗？

② 儿童在互动的时候能目光对视吗？

③ 在成为贪吃蛇后，儿童能一起前进吗？

④ 在老师的提醒下，儿童的走与停能在音乐中进行吗？

（该案例由天台县特殊教育中心陈颖老师提供）

★拓展作业："猫和老鼠"

游戏原型：猫和老鼠相爱相杀的故事家喻户晓，猫和老鼠的形象也为儿童熟悉并喜爱。猫不在，老鼠从洞穴出来自由活动，猫来了，老鼠四处逃窜回到洞穴，上演一出猫捉老鼠的游戏。

1. 创编要求

① 以"猫和老鼠"游戏为原型，设计一款律动游戏。

② 模拟老鼠的形态和游戏发展情境设计律动的基本动作。

③ 选择音乐，两段体，能体现老鼠活动的形态以及猫捉老鼠的动态。

2. 教学要求

① 根据游戏内容及游戏对象设计游戏目标。

② 设计主要教学方法。

③ 设计游戏教学流程。

④ 能进行示范、指导、评估。

3. 表现形式

① 递交一份设计，包括游戏目标、教学方法、教学流程、评估。

② 以小组为单位，呈现游戏教学过程。

★课后作业

收集儿童传统游戏，对照智力与发展性障碍儿童的律动游戏案例进行整理并分享。

第三节　表演性律动游戏

表演性律动游戏相比于结构性较强的传统游戏，更具开放性和综合性，是将音乐、舞蹈、动作、语言、美术（道具）等多领域整合的体验式活动，具有情境性、趣味性、角色性等特征。儿童在角色扮演、真实情境（模拟）中沉浸式表演，积累音乐听觉经验，同时认知、动作、语言、社会性等得到全面锻炼和提高。

表演性律动游戏的设计可以从内容切入，从儿童熟悉的故事入手，然后根据故事情境发展设计律动表演。可以从动作入手，将康复动作融入表演之中。也可以从音乐入手，发挥律动和游戏的优势，以动作参与的方式体验音乐、表达音乐。

一、以动作练习为目的的情景游戏

（一）基础理论

从动作入手，根据儿童近期的动作发展能力与要求，选取主要康复动作，将其融入表演故事情境中，使单调枯燥的训练变得更有意思。

（1）确定基本动作　参考儿童动作康复训练的短期目标，确定律动的基本动作。

（2）确定表演内容　设计故事情境，将动作融入其中。

（3）选择音乐　根据故事情境，选择、制作音乐，音乐的表现性要素从情境创设和律动表演两个方面进行考虑。

（4）整合　根据故事情境和音乐特点，设计律动表演动作，使情境、音乐、动作互相融合。

（二）案例教学

案例 3-5 　情景剧表演

案例 3-5　视频

1. 表演主题：《森林历险记》

2. 表演情境及内容

故事背景：老师带领学生去森林里参加活动，途中会经历各种困难，在老师的带领下，同学们克服困难，顺利到达目的地，庆祝胜利。

表演情境1：开场表演——恒拍行走。

表演情境2：过山洞——蹲走。

表演情景3：过草地——四肢着地爬行。

表演情境4：过河——走石墩桥。

表演情境5：欢庆胜利——圆圈舞。

3. 情境游戏目标

① 能全程参与游戏，遇到困难不退缩，体验成功的快乐。

② 能完成一定距离的蹲走、四肢着地爬行、跨越走等障碍行进。

4. 场景准备：较大的空间

用大型纸箱子做成山洞，用绿色地垫铺成草地，用矮凳组成石墩桥。

5. 音乐：不同风格的音乐

6. 表演过程描述

情境导入："今天老师要带你们去森林里面玩，在森林里，我们可能会遇到各种各样的危险，你们害怕吗？好，那我们就一起出发吧！"（教师排头，学生排成一排手搭肩踏着音乐的节拍在空间内行走）

"咦，这里好像有一个山洞，里面黑黑的、矮矮的，估计是要蹲着走才能过去。老师先去看一看，你们仔细看，老师是怎么通过的。"（教师示范蹲走通过山洞）"同学们，我已经通过了，这里很安全，你们蹲着走就可以了，一个一个来，加油！"（助教在山洞进口引导学生用蹲走有序通过山洞，教师在另一头跟着音乐节奏给学生加油"一、二，蹲着走，加油"）

"哇，小朋友们真棒，我们顺利地通过了山洞！咦，前面好像出现了一片草地，老师先去看一看。啊，上面有好多蜘蛛呢，好可怕！该怎么办呢？"（教师俯身趴下，用四肢爬行的方式通过草地，边爬边说明"要低一点，再低一点，不会碰到蜘蛛"，然后组织小朋友们逐一用四肢着地的方式爬行通过）

"小朋友们，前面有一条河拦住了去路，还好，河上有石墩，我们可以踩着石墩过河，老师先去探一探路。"（教师示范过石墩桥，要保持身体平衡，小心不要掉到河里去。音乐起，组织学生逐一通过石墩桥）

"哇，小朋友们，我们终于到了山顶，你们真棒！我们一起来跳个圆圈舞庆祝一下吧！"（教师和小朋友一起手拉手围成圆圈，跳起了圆圈舞：逆时针走一圈，顺时针走一圈，先中间跳进去，向外面退出来）

7. 律动游戏教学要义

① 该活动需要三名教师，包含一名主教、一名助教、一名播放音乐的教师，在活动中适时配合，有利于儿童进入表演情境。

② 活动前要布置好情境，尽量模拟真实环境，符合儿童对这些场景的视觉经验。

③ 对于山洞、蜘蛛、河流这些情境，有的儿童可能会产生害怕的心理，老师要实时观察，做好引导，鼓励儿童参与。

④ 要对每一位儿童的成功表示祝贺。

⑤ 每一项挑战前，教师都要做好示范，边示范边生动地讲解动作要领及个体感受，给予儿童直观反馈。如果有儿童愿意自告奋勇来做第一个挑战的，要给予机会并鼓励。

⑥ 游戏中的挑战内容可以结合儿童的康复项目进行调整，使其阶段性发展目标得以整合。

8. 游戏评估

① 儿童在完成蹲走、四肢着地爬行、走石墩桥等内容时，哪一项内容最容易完成？

② 观察儿童有没有不良的情绪反应，有没有儿童因害怕而拒绝参与的？老师是怎么处理的？

③ 儿童在完成挑战的过程中，有没有聆听音乐？

④ 教师选择的音乐的速度是否与活动匹配，儿童能跟着音乐节奏完成挑战动作吗？

在音乐选择上，还可做哪些挑战？

（该案例由天台县特殊教育中心陈颖老师提供）

案例 3-6 角色扮演游戏

案例 3-6 视频

游戏：《猜猜现在谁出场》

1. 游戏背景

跳格子是一项内容简单，但是要求有较强的下肢力量、动作协调能力才能完成的游戏。将跳格子与角色扮演游戏整合在一起，使得游戏内容更丰富也更有趣味。跳格子过程设计为动物出场过程，即游戏者扮演一种动物，用肢体动作模仿其主要特征，并以跳格子的方式出场，在完成出场后做一个亮相造型。

2. 学生能够完成以下几项

① 能用单脚跳或双脚跳独立完成跳格子。

② 能在音乐节拍中完成连续跳格子动作。

③ 能在音乐开始的时候跳，在乐句结尾结束。

3. 律动游戏描述

① 在空间中画好格子，根据学生的能力及音乐的乐句长短决定格子数，根据学生能力决定各自的大小。

② 开始播放音乐，儿童按各自扮演的动物角色出场，用单脚跳、双脚跳等方式依次跳格子通过，在乐句结尾做好亮相造型。下一个乐句开始，就是下一位儿童出场，按乐句依次表演。

③ 每一位学生完成，所有同学鼓掌并大声说出他扮演的动物名称。

4.律动游戏教学要点

① 该游戏的重点在于跟着音乐的节拍跳格子，教学应该从熟悉音乐开始，通过拍手、原地跳、教师示范跳格子等方式熟悉音乐，在掌握恒拍的基础上，进入跳格子游戏。

② 该游戏很考验儿童的下肢力量及核心控制能力，要选择节奏感强、中等速度的音乐，能力强的儿童其控制能力好，音乐速度可以稍慢，反之则需要稍快的音乐辅助其完成动作，总的来说，过慢的速度不利于儿童连贯地完成动作。

③ 该游戏主题为"猜猜现在谁出场"，每一位儿童完成跳格子出场游戏，都要给予热烈的掌声，并大声说出他扮演的动物名称。

④ 可以用小呼啦圈代替格子，增加不同的体验感。

⑤ 活动延伸，可以根据游戏目标改变格子的数量、大小、排列形状，以此改变动作方式与节奏。

5.游戏评估

① 儿童是否抓住动物显著特征进行模拟表演？

② 音乐开始，儿童能否踩在音乐节拍上出场，跳格子动作能否与音乐节拍相吻合？

③ 儿童是否能连续单脚跳或者双脚跳跳过格子？

④ 儿童在跳格子过程中身体的姿态怎样？是否协调？

⑤ 当完成跳格子，儿童是否能控制身体站稳并亮相？

（该案例由天台县特殊教育中心陈颖老师提供）

案例 3-7 角色扮演游戏

游戏：《喜羊羊与灰太狼》

1.游戏角色

喜羊羊 3～5 人扮演，灰太狼 1 人扮演。

案例 3-7 视频

2.儿童已有动作能力

① 能独立完成蹲走、蹲起动作。

② 能在空间快速移位并调整方向。

3.律动游戏目标

① 能结合已有经验用动作和语言模仿喜羊羊与灰太狼的角色形象。

② 能结合已有经验，在音乐中完成喜羊羊与灰太狼的互动游戏。

③ 能听辨音乐结构，对应 A、B 两段音乐展开游戏内容。

④ 能合着音乐节拍进行蹲走的动作，能听辨乐句，在乐句末尾做起立动作并完成模仿喜羊羊形象的动作。

⑤ 能参与游戏，能主动接受因为不能及时回家（呼啦圈定位）而被淘汰的游戏结果。

4. 律动游戏准备

较大的空间，草丛树木背景（模拟草原情境），呼啦圈（模拟喜羊羊的家，根据人数确定数量），喜羊羊头饰若干，灰太狼头饰 1 个。

5. 律动游戏描述

喜羊羊个子相对较小，所以用蹲位模仿，主要动作为蹲走。

灰太狼个子较高，用站位模仿。

A 段：喜羊羊玩耍。

喜羊羊合着音乐节拍做蹲走动作，在乐句的最后两拍起立，双手放头顶两侧模拟羊角并发出"咩"的叫声。

重复四个乐句。

B 段：灰太狼追赶喜羊羊。

灰太狼角色出场，恶狠狠扑向喜羊羊，喜羊羊快速反应，逃回家中。

B 段结束，没有回家的羊退出游戏，因"家"比羊少一个，所以每一次游戏都会有一只羊被抓住并退出游戏。

重复游戏。

6. 律动游戏教学要义

① 学生都很喜欢喜羊羊和灰太狼的故事，对该游戏角色有自己的经验，所以教学时要鼓励学生说出自己的感受。

② 放手让学生自己设计动作模仿角色形象，可以加上声音模拟。

③ 蹲走的动作又累又不舒服，学生一般都不喜欢，所以要引导学生主动模仿喜羊羊，学生会因为喜欢角色从而完成动作。设计蹲走加蹲起的动作既是为了让学生感知乐句，也是为了让动作有变化从而更具表现力，学生更愿意参与。

④ 要引导学生听辨音乐的节拍，比如，喜羊羊来了，我们一起听一听它的脚步声。可以用拍手、拍腿等动作找到音乐的节拍再用蹲走表现。

⑤ 要结合游戏情境听辨音乐的结构，比如，听一听，大灰狼什么时候来了，快躲起来。

⑥ 教师要在适当的时候拿走一个呼啦圈，使得"家"一直比羊少一个。

⑦ 灰太狼可以由教师扮演，也可以由能力较强的同学扮演。

⑧ 对于被淘汰的学生，教师要第一时间迎接他并安排他在指定位置坐下观看游戏进行。

7. 游戏评估

① 所有学生是否都能在蹲走的时候保持身体稳定？

② 学生能否听音乐并跟随音乐的节拍完成动作？

③ 学生模仿角色的时候除了肢体动作之外有没有做出相应的表情？

④ 喜羊羊在面临被抓的情境时情绪是怎样的？

⑤ 退出游戏的学生的情绪是怎样的？

⑥ 灰太狼在音乐时间内有没有抓到喜羊羊？

⑦ 学生喜欢重复这个游戏吗？

（该案例由天台县特殊教育中心陈颖老师提供）

案例 3-8　角色扮演游戏

游戏：《青蛙运动会》

1. 儿童已有动作能力

① 能原位模拟青蛙跳。

② 能模拟青蛙原位蹲跳、向前蹲跳。

③ 能自由空间行走。

案例 3-8　视频

2. 律动游戏目标

① 在音乐中模拟完成青蛙的基本动作：原位蹲跳、向前蹲跳。

② 能听辨音乐，对应音乐结构完成青蛙运动会的不同场景：跳、游等。

3. 音乐结构分析

前奏—A1—B1—A2—C—A3—B2。

4. 律动游戏描述

A1：坐位，跟随音乐模拟青蛙跳跃动作。

B1：坐位，跟随音乐做顺时针转圈动作。

A2：站位，跟随音乐模拟青蛙跳跃动作。

C：移位，跟随音乐模拟青蛙在池塘中自由活动。

A3：移位，跟随音乐模拟青蛙跳动作。

B2：蹲跳移位，跟随音乐模拟青蛙蹲跳动作。

5. 律动游戏教学要义

① 该游戏对动作能力要求高，尤其对下肢力量要求高，要根据学生的实际情况开展。

② 该游戏从坐位到站位到移位，从站跳到蹲跳，难度是不断递增的，这个框架也是智力与发展性障碍儿童律动教学的基本框架，由易到难。

③ 该游戏音乐较长，教学初始可根据学生能力进行剪辑，比如开始的时候只要完成 A 主题的青蛙动作，在完成 A 主题的基础上不断叠加项目。

④《青蛙运动会》中学生可根据自身能力完成动作，可以中途退出比赛，完成整曲表演的为优胜，中间退出的为淘汰，鼓励儿童参与积极性。

⑤创设情境，比如青蛙头饰（角色扮演）、圆形池塘（表演区域）等。

6.律动游戏评估

①学生能否聆听音乐，对应不同的乐段模拟表演青蛙的不同动作？

②学生在完成青蛙跳时，是否保持身体平衡稳定？

③学生能否跟随音乐节奏进行青蛙跳？

④学生在蹲跳时，是否能较好地完成？有没有人摔倒？

⑤有没有同学中途退出？是什么原因？

（该案例由天台县特殊教育中心许丽芳老师提供）

二、指向音乐表现性要素的律动游戏

指向音乐表现要素律动游戏的出发点和目的都围绕音乐展开，律动游戏是参与体验、表现音乐的手段或策略。从音乐出发，通过律动游戏的方式，目的是让智力与发展性障碍儿童有机会欣赏好的音乐作品，有能力去体验音乐，甚至是表达与创造。

指向音乐表现性要素律动游戏，首先要提供风格多样的经典音乐作品，通过欣赏音乐、表现音乐来丰富智力与发展性障碍儿童的听觉体验。从这个角度来说，任何优秀的音乐作品都可以作为智力与发展性障碍儿童音乐审美对象。

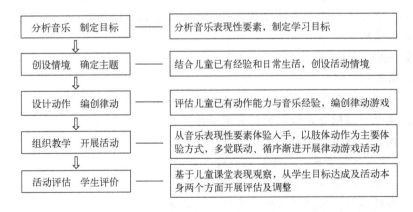

案例 3-9

1.音乐：《匈牙利舞曲第5号》B段主题音乐

第一步：音乐分析

勃拉姆斯《匈牙利舞曲第5号》第二部分的主题音乐，有两个主题，第一主题旋律欢快、节奏轻盈，两个乐句相似并重复一次。第二主题采用音区对比、节奏对比、速度对比的手法，使得音乐更富有表现力。

这段音乐极富表现力，能激发学生参与的意愿。紧凑密集的节奏型能带动学生移动参与其中，一紧一慢的结构需要学生在律动的过程中做出变化与控制，使得律动变得更有趣味性。同时可以锻炼身体协调能力及控制能力。

第二步：表现情境设计

情境设计基于音乐风格、特点进行，选择儿童熟悉的、喜欢的日常情境。可以根据教学需要，融入学生近期的学习内容或者感兴趣的活动，进行设计。基于上述音乐案例，可以设计各种游戏活动，将学生的学习、生活融入其中。比如学生最熟悉的上课情境，一般有进教室、互相问好、一对一问好等环节。该音乐的两个主题能较好地表现学校快速地进教室和师生问好两个组织教学环节，第一主题音乐表现学生有序进教室的情境，第二主题音乐表现师生互动问好的情境。

第三步：表现性律动游戏设计

表现性律动游戏设计根据音乐主题的特点，综合考虑节奏、速度、旋律、风格等音乐要素设计动作及表现方式，同时要结合情境，与之吻合。动作设计要结合学生已有经验与能力，尤其是已有动作能力。

基于上述音乐案例，结合学生已有动作能力，设计了上课学生进教室和教师组织教学两种情境性活动。其中进教室环节以移位动作为主，设计跑、走、拖三种移位律动动作，以不同速度的空间行走+互相问好模拟表现组织教学情境。教师组织教学环节，结合语言互动，设计拍手律动+教师点名活动进行模拟表演。

2. 目标表述

① 在老师引导下能聆听音乐，在提示下听辨出音乐的变化（快、慢）。

② 能结合已有经验理解游戏表现的情境，知道自己表现的内容。

③ 能在老师提示下合拍做动作。

④ 能在音乐中用走、跑、拖三种动作表现。

⑤ 能尝试与同学互动。

3. 律动游戏描述

（1）情境一：组织教学之进教室情境（移位，自由空间）

① 第一主题：第一乐句，随音乐做小跑的动作；第二乐句，换个方向随音乐做小跑的动作。

② 第二主题：第一乐句的第一小节，放慢速度拖着脚步走四步；第一乐句的第二小节，热情地向老师和身边的小朋友打招呼；第二乐句，重复第一乐句的动作。重复以上活动，直至教师示意帮助同学们找到自己的座位就座。

（2）情境二：组织教学（原位，围成半圆或圆圈）

① 第一主题：第一乐句，合拍做拍手拍腿动作（拍手节奏根据学生情况设计）；第二乐句，跟身边的小朋友合作拍手律动。

② 第二主题：第一乐句的第一小节，教师按节奏叫小朋友的名字。第一乐句的第二小节，大家一起拍手表示欢迎。第二乐句，重复第一乐句的动作重复第一主

题的动作，重复第二主题的动作。

4. 活动评估

① 儿童是否都参与其中？对哪个主题音乐参与度最高？

② 当音乐开始，儿童最直接的肢体反应是什么？

③ 音乐进入第二主题，儿童能慢下来吗？能尝试控制身体吗？

④ 在表现过程中，儿童之间有交流吗？比如表情、言语、动作提示等。

⑤ 儿童的表现与教师预设的差异大吗？具体体现在哪些方面？

5. 表现性游戏律动教学要义

① 该类游戏的首要目标是引导儿童聆听、欣赏各类风格的音乐，体验音乐带来的审美体验、情绪表达，律动游戏是引导其参与音乐表现的手段。

② 尽量选一些经典的音乐作品，在音乐风格上可以多元化。选择的音乐可以是完整曲目，也可以是其中的某个乐段或某个主题。

③ 分析音乐是游戏的关键，律动游戏要围绕典型的音乐表现性要素进行设计。

④ 要关注儿童对音乐音响的敏感反应。

⑤ 音乐本身能带动儿童肢体反应，动作设计要遵循音乐的联觉等规律。

⑥ 游戏情境中，儿童能用身体动作表现出音乐特点，能用肢体状态变化表现出音乐节奏变化，但不要求准确地一一对应，要体现该类游戏的表现性和趣味性。

⑦ 鼓励儿童的个性表达，给予表现的空间。

⑧ 游戏可以从原位坐位开始，在熟悉音乐的基础上拓展。

⑨ 该游戏可重复练习，根据学生情况不断叠加内容。比如拍手、语言、肢体接触等。

⑩ 在学生非常熟悉音乐的基础上，可迁移不同的情境，比如结合到认知活动中，可以在第二主题的第一乐句的前四拍做数数、报颜色、手指精细动作等。

⑪ 同一音乐可以适用于不同的游戏情境，以帮助学生不断熟悉音乐，加深音乐审美体验。

★课后作业

1. 选择一个自己喜欢的音乐作品，用图形谱、结构图等形式开展音乐分析。

2. 研究适合不同类型智力与发展性障碍儿童的音乐作品，建立音乐资源库。

第四章

律动与游戏在唱游与律动课堂
的应用

学习目标

1. 理解培智学校"唱游与律动"课程的内容与标准。
2. 理解游戏与律动在课堂教学中的应用。
3. 通过案例分析，进一步掌握律动与游戏的教学原则。

第一节　概述

一、律动与游戏在培智学校音乐课程中的内容与要求

"唱游与律动"是培智学校义务教育课程，以唱游和律动为主要实践活动方式。课程由"感受与欣赏""演唱""音乐游戏""律动"四个学习领域构成。各学习领域相互关联、相互渗透，组成一个有机的整体。音乐游戏是跟随音乐、语言、动作、指令、规则等进行的游戏活动。音乐律动是伴随音乐，按节拍、节奏做出简单肢体动作的活动。我们提出的律动与游戏包含游戏、舞蹈、表演等有韵律的身体活动。

（一）"律动"领域内容与要求

1. 1～3年级
① 能随音乐合拍地做各种简单的动作。
② 能结合日常生活动作进行有节奏的模仿和练习。
③ 能配合音乐做简单的表演动作。

2. 4～6年级
① 能随音乐控制、协调肢体的动作。

② 能模仿自然界和日常生活中有特点的动作。

③ 学习儿童舞蹈基本动作以及小碎步、蹦跳步、后踢步等基本舞步。

④ 能随熟悉的音乐进行即兴表演和歌舞表演。

3. 7～9 年级

① 能用身体动作表达对音乐的感受。

② 学习进退步、十字步、交替步等舞步。

③ 能模仿不同地区、不同民族的舞蹈中有特色的动作。

④ 根据音乐的内容和情绪即兴表演。

（二）音乐游戏领域的内容与要求

1. 1～3 年级

① 愿意参加音乐游戏活动，体验游戏的乐趣。

② 在音乐游戏中能对各种声音做出听觉反应。

③ 在游戏中能初步配合音乐做出对节奏、速度、力度的反应。

2. 4～6 年级

① 能主动参与音乐游戏。

② 能听从指令调控自己的位置、动作。

③ 在音乐游戏中能对节奏、速度、力度、音高做出基本准确的反应。

3. 7～9 年级

① 能进行合作游戏。

② 能进行完整的音乐游戏活动，表现对音乐结构、节奏、情绪等的理解。

③ 尝试改编音乐游戏情境和动作，探索新的游戏规则。

（三）"感受与欣赏"中的律动与游戏

① 能对音乐做出反应。

② 能用肢体动作表现形象鲜明的歌曲、乐曲。

③ 能用简单的语言、表情、动作表达听到不同乐曲的情绪（如欢快的、忧伤的等）。

④ 能感受二拍子、三拍子的节拍特点。

（四）"歌唱"中的律动与游戏

能根据歌曲内容边歌唱边律动表演。从"唱游与律动"课程领域内容与要求中可以看出，律动与游戏是课程的重要内容，用肢体动作体验、表现歌（乐）曲是儿童重要的学习方式。游戏与律动在智力与发展性障碍儿童学习中的目标指向如下。

1. 律动与游戏指向音乐表现性要素体验

2. 律动与游戏指向多感官协同

3. 律动与游戏指向空间认知

4. 律动与游戏指向互动合作

5. 律动与游戏指向创意表达

二、律动与游戏在培智学校课堂教学中的设计应用

（一）在导入环节

用律动游戏导入是课堂教学中常见的方式，律动与游戏可以作为独立的部分开展，也可以作为教学铺垫。一般作为常规活动开展，内容具有一定的重复性、连贯性，以让所有智力与发展性障碍儿童熟悉掌握。

1. 热身

音乐能带动身体，身体随音乐律动可以活动身体的各个部分。一般来说，活动比较简单，跟着音乐即兴律动，比如扭一扭、拍一拍等恒拍律动。也可由教师带领儿童拍拍手、拍拍身体各个部位，通过坐、站、蹲等身体姿势变化活动身体，将注意力由外部转向自身，进入学习状态。

案例 4-1

暖身游戏《我的身体》，儿童模仿教师做出以下动作。

口令：

摸摸 我 的 脑 袋，1 2 3

拍拍 我 的 肩 膀，1 2 3

摸摸 我 的 肚 子，1 2 3

拍拍 我 的 大 腿，1 2 3

踩踩 我 的 小 脚，1 2 3

2. 互动连接

师生间、同学间互相打招呼问好是进入课堂集体学习的开始。常用的方式有唱师生问好歌（动作与语言结合）、拍手互动（个体与互动）等。通过原位或空间行走（恒拍）、眼神交流、肢体接触（节奏表现）等不同方式互动，建立彼此间的连接。

案例 4-2

（1）师生互动：HI

我说 你好 | 你说 HI | 你好 HI | 你好 HI | 你好 你好 | HI HI |

律动说明：能随着老师的节奏的呼应"HI"，同时把小手伸出来打招呼。

教学指导：用动作提示学生在节奏点上呼应。

（2）个体与集体互动：RAP 一下我们的小手

集体：我说 小手 你说 YO | 小手 YO 小手 YO

个别：小手 小手 | YO YO |

律动说明：边说边跟着语言节奏做小手律动，学生用自己喜欢习惯的方式做小手律动

教学指导：老师用击掌、放慢速度的方式鼓励所有学生参与。

（二）在音乐体验环节

音乐学习是从体验、感受开始的，对于智力与发展性障碍儿童来说，边听边用身体动作跟随音乐是最自然的参与方式。最常见的是随着音乐节拍做拍手、拍腿恒拍律动，初步感受音乐的速度、节拍、情绪等。在重复体验中，通过改变方位（上下、左右、前后）、姿态（坐位、站位、蹲位）、节奏等方式不断熟悉音乐。

（三）在解决重难点环节

在对一些音乐要素的体验与表达时，用律动的方式更容易抓住表现性特征，从而获得体验并进一步学习。在感知乐句时，用不同的动作表示乐句的开始和结束，比如用行走与停止、坐姿与站姿以及动作方向的改变等方式多感官参与学习。比如在以下案例中，掌握"蹦哒哒　蹦哒"这句歌词的节奏是难点，教师通过拍拍跳跳的方式引导学生掌握节奏。

（1）播放《我是一颗跳跳糖》B 段音乐，学生聆听，引导学生用自己喜欢的方式表现节拍，教师及时跟随引导学生。

（2）进一步感受强弱：用拍手-拍腿、跳跃-蹲下等形式练习。

（3）出示歌词通过跳起和蹲下表现节奏：蹦哒哒（强）蹦哒（弱）。

（4）播放音乐，起立围圈，跟音乐律动："蹦哒哒"跳起-"蹦哒"蹲下。

掌握"×××　××"这个节奏对于智力与发展性障碍儿童来说是很难的，但在音乐的动律中，在二拍子的强弱规律中，学生自然就会被带动跳起来，在反复体验获得节奏经验过程中，歌词演唱也自然完成。在音乐节奏的带动下，学生不断完成跳起、蹲下的动作，下肢力量与身体的协调控制能力得到提高。

（四）在巩固拓展环节

律动是儿童表现音乐的重要方式，在唱游与律动课堂的拓展部分，通过表演让学生进一步巩固所学内容。更重要的是，对于智力与发展性障碍儿童来说，只有在熟悉音乐的基础上，才能真正参与音乐表达，所以该阶段的律动游戏更能充分展开。

1. 空间、方位拓展

通过坐、立、站、蹲、跪等姿势变化拓展纵向空间，在原律动的基础上增加

高、中、低的空间认知，同时增加了身体控制难度，达到康复目标；通过空间位移拓展平面空间，增强对空间路径的认知。

2. 互动伙伴拓展

在个体充分感知的基础上，才能进行互动性活动。可以从老师或助教开始，从固定伙伴开始，逐渐学习交换伙伴、自主选择伙伴，这些都是在律动与游戏中习得的社交能力。

3. 表演形式拓展

由单一的表现形式拓展到综合表演。智力与发展性障碍儿童的学习是在反复中不断叠加的过程，在充分掌握单一表现方式的基础上进行综合表演。常见的方式有以下几种：在分段表现的基础上进行完整表现；加入丝巾等不同材质的物件，或者打击乐器等进行表现；根据学生的能力结合学生意愿进行分组表现，将各组整合在一起集体表现等。

第二节　智力与发展性障碍儿童唱游与律动课堂教学设计

培智学校的唱游与律动课堂教学设计遵循一般的教学原则，基于对象（音乐作品、学生）分析，明确学习目标及重点，预估学习难点，预设学习程序（教学流程），选择教学方法，做好教学支持（场地、教辅具、教学材料等），设计教学评估。

一、培智学校唱游与律动课堂教学设计内容

（一）基本信息

1. 教学内容/主题

教学内容来自教材或者是教师自选材料。

2. 教学对象

一般以培智学校班级授课组织形式，按年级划分。

3. 授课课时

说明该教学内容共几课时，本教学设计是第几课时。

（二）基本分析

1. 学生已有能力分析

（1）针对本教学内容学生已有的经验和能力分析，包括动作能力、学习习惯与音乐能力等。

（2）共性分析和个别化分析兼有。

2. 音乐作品分析

音乐作品分析主要针对表现性要素展开，比如曲式、旋律（乐句）、节奏、节拍、速度等。根据教学目标，对律动表现设计的主要要素进行重点分析。

3. 教学目标设计

（1）教学目标指向音乐教育教学目标，同时兼顾康复目标。

（2）教学目标涵盖活动参与、音乐技能、动作表现、互动合作等内容，可以根据学习内容有侧重点。

（3）教学目标要分层，要体现个别化教育。

（三）教学支持准备

1. 场地支持

2. 人员支持（助教或陪读人员）

3. 教辅具支持

4. 音乐音响支持

（四）教学过程设计

1. 教学过程要根据音乐学习的基本规律与特点。

2. 教学过程要兼顾不同特殊儿童学习的特点。

3. 教学过程要兼顾集体教学与个别化教学。

（1）导入（热身、互动）

（2）音乐体验（感受、体验）

（3）主体学习（重难点突破、完整学习）

（4）活动拓展（表现、泛化）

（五）学习评估

基于课堂观察的评估，围绕目标从参与情况（兴趣、态度）、知识技能达成情况（表达）、社会性发展情况（互动、合作）三个方面展开。

（六）教学反思

基于目标设计与课堂学习评估情况，分析原因，提出调整建议。

教学设计模板参考

教学内容/主题			
教学对象		授课课时	
学生已有能力分析			

音乐要素分析	
教学目标	
教学准备	
教学过程	
学习评估	
教学反思	

二、典型案例

以下案例均来自培智学校唱游与律动课堂教学实践，选取以律动与游戏为主要学习手段开展的音乐课堂学习，内容包括儿歌朗诵、歌唱、乐器演奏、音乐游戏等。

（一）案例目录导读

1. 肢体探索的教学案例（音乐与动作）

《我的身体会唱歌》

《小矮人与大巨人》

《母鸡孵蛋》

《小手爬》

《开车舞》

2. 童谣与律动的教学案例（语言与动作）

《拉大锯》

3. 音乐游戏教学案例（歌唱与游戏）

《找朋友》

4. 综合表演教学案例（语言、歌唱、律动等）

《我是一颗跳跳糖》

5. 歌唱为主的教学案例（歌唱与律动）

《兔子跳跳跳》

《小星星爱洗澡》

（二）案例：《我的身体会唱歌》

1. 授课对象

学前班 6 人。

2. 授课课时

本首音乐共 3 课时，本课为第 1 课时。

案例：《我的身体会唱歌》视频

3. 学生已有能力分析

本班共有学生 6 人，其中男生 2 人，女生 4 人，大部分学生对音乐比较感兴趣，具备一定的音乐感知能力和简单动作模仿能力。

A 组（舒××、张××、曹××）：本组学生课堂积极性较好，在提示下愿意与教师、同学进行互动，认知与模仿能力尚可。具备一定的音乐欣赏和感受能力，乐于参加音乐游戏活动。舒××能听辨不同的音乐节奏，能感知节奏的快慢，能主动跟随模仿教师的动作，喜欢与同学互动，乐于展现自己。张××乐于参与音乐游戏，具备一定的节奏感和音乐表现能力，模仿能力较好，语言表达能力较好。曹××具备一定的音乐感知能力，动作模仿较好，但比较害羞。

B 组（章××、崔××）：本组学生具备一定的音乐感知能力，提示下能进行动作模仿。章××对音乐比较感兴趣，但律动较弱，节奏感不强，能模仿几个简单动作。崔××具备一定的音乐感知和模仿力，乐于参与音乐律动，但肢体协调性较弱。

C 组（许××）：许××喜欢听音乐，具备一定的音乐感知能力，能模仿一些简单的分解动作，但反应较慢，注意力不集中，需要教师提醒。

4. 音乐要素分析

本首律动歌曲是一首弱起四拍子的音乐，全曲分为两段，A 段部分旋律欢快，B 段部分节奏变换丰富。整首音乐旋律清晰欢快，富有韵律，音乐节奏分明，旋律简单且多重复，方便学生听辨并预见下一段的音乐内容。通过音乐节奏和声势律动引导学生感受音乐，模仿动作，锻炼学生对音乐节奏的把控能力，提高学生的手眼协调能力、专注力，以及动作模仿能力。

5. 教学目标

（1）A 组

① 能够静坐欣赏音乐，感受活泼快乐的音乐气氛。

② 能聆听音乐节奏，独立合拍做出拍腿、转手等动作。

③ 能配合音乐主动参与活动。

（2）B 组

① 能静坐聆听音乐。

② 能在提示下聆听音乐节奏，跟随教师合拍做出拍腿、转手等动作。

③ 提示下配合音乐参与活动。

（3）C 组

① 提示下能安静聆听音乐。

② 能在肢体辅助下模仿做出拍腿、转手等动作。

③ 能在辅助下参与音乐活动。

教学重点：能伴随音乐节奏，合拍做出拍腿、转手等动作。

教学难点：能伴随音乐节奏，合拍做出拍腿、转手等动作。

6. 教学准备

（1）场地：知动教室。

（2）教具：课件、图卡、贴纸、摇铃。

7. 教学过程描述

（1）音乐导入，激发兴趣

① 热身活动

A. 师生问好。

B. 教师带领学生进行暖身游戏《我的身体会唱歌》，模仿教师做出以下动作。

口令：

<u>摸摸 我的</u> 脑 袋，1 2 3

<u>拍拍 我的</u> 肩 膀，1 2 3

<u>摸摸 我的</u> 肚 子，1 2 3

<u>拍拍 我的</u> 大 腿，1 2 3

<u>跺跺 我的</u> 小 脚，1 2 3

② 初步感知：教师播放音乐视频，学生坐姿聆听，左右摇摆身体初步感知音乐节奏。

（2）直观体验，学习新授

① 播放音乐，教师讲解节奏及动作。教师逐个出示音乐律动中的动作图片，用视觉辅助帮助学生做动作（拍腿、转手、睡觉），教师教授动作并引导学生跟随音乐律动。

A. 出示拍腿动作的图片

a. 无音乐跟随教师有节奏地拍腿。

b. 播放音乐，学生跟随音乐进行拍腿恒拍律动。

c. 教师示范—个别律动—集体律动。

d. 动作泛化：拍手、拍肩膀、拍肚子、拍头。

e. 评奖奖励。

B. 出示转手动作图片

a. 无音乐跟随教师转手动作。

b. 播放转手音乐并进行律动。

c. 个别辅助：如有同学无法完成转手动作，可以用甜甜圈形状的环形道具辅助练习。

d. 泛化：不同方位变化转手，左边、右边、上面、下面。

e. 评价奖励。

C. 出示睡觉动作图片

a. 无音乐跟随教师做睡觉动作。

b. 播放音乐并进行律动。

c. 教师示范—个别律动—集体律动。

d. 泛化：不同方式睡觉——趴着睡、蒙眼睡。

e. 评价奖励。

② 教师示范，学生模仿练习。

A. 连贯动作

a. 出示三个动作图片，跟随教师说一说分别是什么动作。

b. 无音乐跟随教师连贯三个动作：拍腿、转手、睡觉。

c. 第一遍：跟随教师做动作。

d. 第二遍：一边说一边做动作。

B. 音乐律动

a. 播放音乐视频示范律动，学生观看模仿。

b. 教师带领学生跟随音乐进行律动。

c. 个别学生上台示范律动。

d. 集体进行音乐律动。

（3）学生互动，展示交流

① 学生两两对坐，进行音乐律动。

② 转身，交换伙伴面对面坐好：认一认对面的小伙伴—坐好—面对面音乐律动。

（4）学生泛化，综合运用

① 摇铃律动

A. 教师将摇铃藏在身后晃动，猜一猜。

B. 出示摇铃，进行介绍，依次向学生展示摇铃。

C. 教师示范摇铃并摇一摇。

D. 坐端正依次发放摇铃并摇一摇。

E. 戴上摇铃集体进行一次音乐律动。

② 小火车律动活动

A. 排队律动

a. 教师点名邀请火车头和火车车厢一字排开。

b. 教师整队，给小火车加油：集体进行一次起立的原地音乐律动。

B. 小火车律动（移位）

a. 跟随音乐开火车。

b. 围绕凳子绕圈走：行进中拍腿、转手—睡觉时原地站定不动。

c. 强调边用身体唱歌边向前走。

第一圈：教师带领。

第二圈：减少动作提示。

第三圈：学生带领教师辅助。

最后一圈时依次叫名字下车回到座位。

（5）课堂评价，反馈奖励

① 教师总结学生表现，进行反馈奖励卡通律动贴。

② 师生再见，在律动音乐背景中离场。

8. 活动评估

（1）目标达成情况

① 学生参与度：全班学生都能够参与音乐律动，学生积极参与，课堂氛围较好，B 组和 C 组学生在提醒下能够跟随模仿。

② 跟随音乐合拍律动：A 组学生能够根据音乐自主合拍律动，B 组学生在教师口头提示下能跟随音乐进行律动，C 组学生对音乐的听辨较弱，需要在教师示范下进行律动模仿。

（2）教学改进方面

① 课堂大部分时间学生都静坐在座位上，对于低段的学生来说可以给予更多起立活动的机会，调动学生的积极性。

② 分解动作教学时，教师将音乐进行肢解，增加了学生对音乐节奏听辨的难度，使得 B 组、C 组学生无法通过听辨音乐进行律动。可以将分解动作的教学改进为播放完整音乐，单个动作教学后逐一叠加的方式进行律动，增强音乐和动作之间的联系。

③ 由于本课题为《我的身体会唱歌》，因此在教学过程中应当紧扣主题，当学生拍打身体不同部位时，可以强调听一听拍打的声音来注意拍打节奏和音色。

④ 转手动作泛化时，学生会偷懒向上转动的动作，可以将向上、向下转动与蹲起结合，比比谁举得更高，增加学生的兴趣。

⑤ 完整音乐练习次数不足，使学生对音乐律动不够熟悉，需要多放几遍音乐，进行重复练习。

⑥ 小火车律动活动中，教师可以进一步泛化，将拍腿动作变化为击掌，师生击掌，增强师生互动。

点评：这是一堂以肢体探索为主线的律动课。教学很好地体现了智力与发展性障碍儿童的学习特点。从体验—表现—练习—泛化，循序渐进，过程中针对个别学生的辅助教学到位。教师设计了拍腿、转手、睡觉三个动作，其中睡觉动作稍显突兀，与情境设计不太吻合，建议改为原位招手，左右手各一次，可能更符合活动情境，体现活动的互动性。课堂活动内容偏多，打击乐器摇铃表现的环节可以放到下一个课时进行，这样也会有更多时间更充分地展开练习和表演。

（该案例由海宁市培智学校陈璐瑶老师提供）

（三）案例：奥尔夫音乐与游戏《小矮人与大巨人》

1. 授课对象

培智学校一年级新生。

2. 授课课时

共 2 课时，本课为第 1 课时。

3. 学生已有能力分析

本班学生共 6 人，其中一名孤独症儿童和一名唐氏综合征儿童具有一定的音乐感受力，能根据音乐的节奏快慢和音调高低做出相应的反应。学生的粗大动作整体一般，精细动作有待提高。学生的课堂参与度较好，跟唱意愿较弱，主要原因是学生言语能力不佳，仿唱能力不足，但课堂上愿意模仿教师做一些律动。结合生活数学"大与小"的教学，学生已初步建立"大与小"的概念。

培智学校一年级新生，在新的环境中会表现出对集体生活不适应等情况，通过一些有趣的律动游戏活动可以促进其快速融入集体，与老师同学建立关系。

4. 音乐要素分析

《小矮人与大巨人》为奥尔夫音乐游戏，旨在培养学生辨别音乐变化的能力，将音乐的渐强与渐弱和形体"大小"形成联系，音乐渐强则身体变"大"，四肢张开，反之则变"小"，身体抱团。

5. 教学目标

① 通过蹲下和起立身体姿势变化表现"大和小"。

② 通过观看不同角度灯光照射投影感受"大小"变化。

③ 能听辨音乐的强弱，能用肢体动作表现强（大）弱（小）。

④ 对肢体探索产生兴趣，感受肌肉舒展与紧缩，锻炼肌肉控制能力。

6. 教学准备

场地：唱游与律动教室。

教具：手电筒、音乐、蓝牙音箱、光滑的白墙。

7. 教学过程描述

（1）情境创设，初步体验

① 故事引导：森林里有一个神奇的宝贝，他有个特异的功能，他可以变大变小，平时他是一个快乐的小矮人，每天在山间、森林里游玩，遇到危险的时候，他就会变成大巨人。

② 教师示范：教师模仿小矮人，蹲下，双手抱膝。当他听到森林里传来音乐声"变变变，变成大巨人"，那他就会慢慢地变大，此时教师站立，手臂张开，双脚打开，形成"大"字作巨人状，当他再听到"变变变，变成小矮人"时，教师再次蹲下抱膝，变成小矮人。

③ 启发学生用已有经验进行表演，充分调动身体部位，展开想象自主充分展示。

设计意图：观看教师做"小矮人"与"大巨人"的动作，可以直观地让学生看到通过姿势的变化了解"大"与"小"的对比，激发学生运用肢体进行变大变小魔法的兴趣，并运用已有经验进行创意表达，充分调动身体部位。

（2）深入体验

① 聆听音乐

A. 教师组织：音乐中也有大巨人和小矮人，我们一起来听一听，能不能把他们找出来。

B. 引导学生边听边用动作表现，在不断聆听与表现中，建立音乐与动作的关系。

② 教师示范：跟随音乐"变大"与"变小"。

③ 学生听音乐表现"变大"与"变小"。

④ 教师组织学生音乐表现活动。听音乐要充分，引导学生听出音乐强弱的变化，利用联觉想象人物形象，多觉联动学习。动作表现要充分，要给予充分的时间与空间，让学生在不断表现、模仿中，建立音乐与动作的关系。学生在活动中不断做扩展—内缩动作，反应能力、空间感知能力不断提高，同时下肢力量也得到有效锻炼。

（3）活动拓展

① 教师：同学们，我们的身体除了可以用张大收缩、站立蹲下的方式来变大变小，还能用什么方法呢？

② 教师组织：关上灯，拉上窗帘，保持教室昏暗的氛围。请一位学生蹲在墙边，手机开启闪光灯，照在学生身上，提问：墙上的是什么？

这时小朋友特别激动地喊墙上有影子，课堂顿时变得热闹，期待着下面的变化。

③ 当音乐响起，音乐里说到"变大"时，教师则将闪光灯放到地上朝向学生头部照射，此时学生在墙上的影子变大，音乐里说到"变小"时，教师则将闪光灯从学生头部往下照，这时学生的投影变小。

④ 交流：你有发现自己的影子吗？你的影子会变大变小吗？课后可以观察一下。

设计意图：围绕着变大变小这一主题，结合灯光与影子的相互关系直观演示"变大""变小"，这样的直观展示有利于学生更好地理解"大"和"小"，并能拓展到生活当中去。教师结合音乐进行演示，进一步强化了听觉、视觉联动认知。

8. 活动评估

结合目标，可以从以下几个方面进行观察评估。

① 学生对哪个环节的活动最感兴趣？

② 学生能否自主进行肢体动作探索？

③ 在教师提示下，学生之间有没有互相模仿动作？

④ 学生能有意识地控制动作表现吗？即随着音乐渐强或减弱逐渐扩展或收缩身体。

⑤ 听口令到听音乐表现，学生是否逐渐建立游戏逻辑？即能否自主参与游戏活动。

9. 教师反思

本节课中，整合了多学科内容。以变大变小的生活数学内容，唱游与律动的活动模式，加入康复训练的运动和科学现象的展示，使得这一节游戏丰富又有趣，学生更有兴趣参与课堂学习。多学科整合，对于智力与发展性障碍儿童课程学习是更有效的。

从一年级开始，学生聆听音乐的习惯要作为重要的目标进行培养。律动游戏始终在音乐中展开，本节课抓住渐强和减弱两个表现性要素，又有歌词提示，能较好地组织学生进行聆听与表现。

点评：本节课的律动重点是体验音乐的强弱变化的联觉体验，即音乐渐强对应变大，音乐渐弱对应变小，所以在教学中要引导儿童聆听音乐，在音乐中找到巨人，并用肢体动作直观表现。同时，要给予儿童充分的体验时间和空间，不断尝试各种肢体舒展扩张和向内收缩的肢体体验，获得对身体控制的经验。

（该案例由宁波市奉化区培智学校傅瑜老师提供）

（四）案例：《拉大锯》

1. 授课对象

培智学校三年级学生。

2. 授课课时

共 2 课时，本课为第 2 课时。

案例：《拉大锯》
视频

3. 学生已有能力分析

课前已给学生先熟悉了这首儿歌，并对儿歌产生了兴趣。学生对唱游律动课的学习积极性很高，A 组学生共三人对音乐的接受能力和音乐表现力都不错，但在音乐的听觉和节奏感方面有差异。B 组学生共两人，能力相对较弱，需要在教师或 A 组同学辅助下进行动作，对节奏不作要求。C 组学生共一人，要求能坐下来安静地听，较耐心地看同学们做律动，并能在老师或同学的动作引领下动起来。

4. 音乐要素分析

《拉大锯》是极其富有戏剧性的一首儿歌，具有游戏化及趣味化的特色，传唱度高，大部分人耳熟能详，适合低段学生开展律动游戏活动时使用。儿歌词曲简单，朗朗上口，节奏感强，主要为八分音符和四分音符，通过节奏性的朗读，加入身体的动作，从动作中学习、体验、感受音乐的基本要素。

5. 教学目标

① 通过欣赏儿歌《拉大锯》，感受儿歌的京韵特点，了解和体验儿歌的内容和诙谐的情趣。

② 跟随音乐较合拍地做双手拉大锯的动作，刺激学生的运动神经。

③ 在学生能初步跟随音乐做动作的基础上创编两手轮流拉大锯的动作。

④ 能用站位与同伴合作拉大锯，努力保持脚不移动，锻炼学生身体动作的协调能力。

⑤ 能用坐位与同伴合作拉大锯，尽力用自己的脚触碰对方的脚，进一步锻炼骨盆稳定及动作协调能力。

⑥ 体验不同材质的游戏道具，锻炼触觉及抓握能力。

⑦ 在游戏中体验合作的快乐。

教学重点：能跟随音乐较合拍地做双手拉大锯的动作。

教学难点：能在跟随音乐做动作基础上创编两手轮流拉大锯动作。

6. 教学准备

学生课前熟悉音乐；彩色小纱巾（在两端用皮筋做好圈）；小脚印若干；课件视频和图片；音乐。

道具：木棍、绳子、毛巾、圈。

7. 教学过程描述

（1）音乐导入

教师：今天，××小朋友的姥姥家有皮影戏的表演，××小朋友想请我们大家一起去看皮影戏，大家想不想去啊？听，这是什么音乐？（唱戏的音乐）原来是皮影戏的表演快开始啦，小朋友们快跟着老师出发吧！

学生手拉手跟着老师听音乐进教室。

教师：我们向姥姥问个好吧！

（2）教师"拉大锯"动作示范

教师：姥姥，你刚才在做什么啊？（配班老师：我在拉大锯呢！）

听"拉大锯"的儿歌音乐，看教师完整示范动作。

播放配好"拉大锯"音乐的视频资料，边看伐木工人拉大锯的动作，边感受音乐。

教师：让我们也来帮姥姥拉大锯好吗！

（3）学习坐在椅子上做拉大锯的动作

① 学习双手拉大锯的动作

A. 学习手的动作：双手握拳，向前伸，向后拉。（教师：我们看到电视机里的工人叔叔在锯什么啊？他们为什么要锯木头啊？他们是怎么锯木头的呀？）

B. 学习身体配合的动作：手向前伸的时候身体也要向前倾，手向后拉的时候身体也要向后倒。

C. 欣赏音乐，学生在教师带领下各自做动作。

D. 教师：一个人拉大锯好累啊，老师想请一位小朋友和老师一起拉。教师请一名学生做助手示范双手拉大据的动作，先动作练习，再听音乐示范。

E. 学生两人一组，坐在椅子上练习双手拉大据的动作。

F. 学生欣赏音乐，并跟着音乐节奏前倾、后仰，做双手拉大锯的动作。

② 学习两只手轮流拉大锯的动作

A. 教师：刚才我们是用两只手一起拉大据，用一只手能拉吗？可以怎么拉呢？

B. 教师：一只手拉累了，换一只手试试吧！

C. 教师：两只手轮流拉大锯应该怎么做呢？（请学生动脑筋试着做一做）

请学生两两结伴，欣赏音乐并随音乐进行律动。

（4）活动拓展

① 站位，做拉大锯的动作

A. 教师提示学生双人拉大据时，双脚一前一后才能站得稳，能力较差的学生可以站在小脚印上。

B. 欣赏音乐，并学习站立双手同时拉大锯动作。

C. 欣赏音乐，并学习站立两手轮流拉大锯的动作。

② 不同材质的道具做拉大锯的动作

A. 出示彩色丝巾，我们就用丝巾来当大锯，帮小白兔盖房子吧！

B. 示范拉。教师指定一名学生共同示范用丝巾"拉大锯"：第一段用双手同时拉的方法，第二段用双手轮流拉的方法。

C. 站着拉。教师：小白兔的房子需要高木头，我们大家站起来锯吧！全体学生用道具丝巾完成音乐律动，丝巾两端的松紧带系套在相对两人的手上。

D. 坐在凳子上拉。教师：站着锯有点累了，我们坐着锯吧！

E. 坐在地上拉。教师：小白兔的房子还需要很矮的木头，那我们要怎么锯啊？（出示坐着拉大锯图片）我们可以像图片上的小朋友一样坐在地上锯，这样就不累啦！（教师提示学生坐在地上拉大锯时，两人脚要尽量伸直并且相互触碰）

教师：除了用丝巾来当大锯我们还可以用别的东西来当大锯，看看老师这边还有哪些东西啊？（木棍、绳子、毛巾、圈）老师要请叫到名字的小朋友来挑一件自己喜欢的东西，然后想想怎么用这件东西来"拉大锯"？

指定学生挑选，并同时和教师共同示范用各种道具"拉大锯"的方法。

听音乐两两分组分别做律动。

（5）延伸活动

① 学生自由选择道具和交换朋友，边欣赏音乐边进行拉大锯的律动。

② 欣赏音乐，在室外草地上用道具或双手做律动。

8. 活动评估

在本活动中，教师引导学生随着音乐的强弱起伏，动作可以时而大时而小，时而显得费力时而显得轻松。第二课时在第一课时已学会基本动作的前提下，利用故事情境重点学习了使用道具和不同姿势的律动，在边律动边欣赏的同时，学生感受到了中国传统京韵的魅力，不仅帮助了学生克服动作障碍和缺陷，培养了节奏感和协调性，还发展了学生的音乐听觉能力、记忆力和集中注意的能力，培养了学生团结合作、活泼友爱的优良品质。

点评：这是一堂康教结合非常充分的课，教师运用不同道具、不同姿势引导学生充分练习和表现。首先是语言和动作整合，朗朗上口的儿歌朗诵与拉大锯的律动十分吻合，儿歌和律动表现相得益彰。动作表演和康复结合，从站位、弓步位、坐位、高跪位，将动作康复练习与律动表演无痕结合。材料，选择了丝巾、麻绳、圈、木棍等材质的道具，引导儿童互动完成律动，既丰富了儿童的触觉体验，又练习了不同方式、不同难度的抓握，锻炼了儿童的精细动作发展和手部抓握能力。

（该案例由海宁市培智学校方艺老师提供）

（五）案例：《找朋友》

1. 授课对象

培智学校四年级学生。

2. 授课课时

此内容共分 4 课时，本课为第 3 课时。

案例：《找朋友》
视频

3. 学生已有能力分析

本班共有 9 名学生，3 名孤独症学生，1 名注意力缺陷多动症学生，多名语言障碍严重，认知能力普遍较好。具体分析如下。

A 组学生：节奏感、认知能力、模仿能力较强，有一定的音乐感知力、表现能力和区分音量的能力。动作能力好，肢体协调性也不错，能跟音乐打拍子。课堂常规较好，语言表达能力好，参与度高，学习能力强，有较强的表现欲望，能很好地与老师或同伴互动，思维比较活跃，能主动积极参与音乐律动游戏，较好地调控自己的位置。

B 组学生：节奏感发展出部分，认知能力、模仿能力一般，有一定的音乐感知力和表现能力。动作能力较好，肢体协调性也不错，能在动作辅助下，按节奏拍手。语言表达能力可以。课堂常规较好，自信心较差，很少主动参与，但能在提示下与老师或同伴互动。在语言提醒下参与律动游戏，听指令调控自己的位置。

C 组学生：肢体协调能力较弱，能跟音乐拍手，但节奏感差。有语言障碍，认知学习能力较差，注意力不集中，课堂上主动参与意向弱，自我管理能力差，自控力差，有参与律动的意向，没有独立活动能力，没有与人互动的意愿。

4. 音乐要素分析

《找朋友》是一首脍炙人口的儿童歌曲，为 G 大调，四二拍，节奏欢快，歌词短，内容通俗易懂，充满情趣，符合四年级智障儿童的身心发展特点，深得学生们的喜爱。根据歌曲内容结合本班学生能力特点，本课以律动、游戏、乐器伴奏等手段开展学习，让学生在提高音乐能力的同时，可以很好地结合粗大动作的康复训练，发展学生的身体动作的协调性，能够让他们在轻松愉悦的氛围中进行康复训练。

5. 教学目标

（1）A 组（4 人）

① 会表演歌曲《找朋友》的律动组合。

② 能积极主动参与游戏《找朋友》。

③ 建立好朋友概念，会主动寻找好朋友相互合作完成动作，初步形成友好意识。

④ 能用圆舞板给歌曲伴奏。

⑤ 提高听觉及身体动作协调能力。

（2）B 组（4 人）

① 能在引导下，表演歌曲《找朋友》的律动组合。

② 能主动参与游戏《找朋友》。

③ 建立好朋友概念，学会相互合作，初步形成友好意识。

④ 能跟着《找朋友》的旋律节奏积极主动地舞动纱巾。

⑤ 提高学生的听觉及身体动作协调能力。

（3）C 组（1 人）

① 能在动作支持下，表演歌曲《找朋友》。

② 能在同伴或教师的引导下，参与活动，学习相互合作。

③ 提高学生的听觉及身体动作协调能力。

④ 能在辅助下，跟着音乐舞动纱巾。

教学重点：会表演歌曲《找朋友》的律动组合。

教学难点：能伴随歌曲《找朋友》节奏做出律动组合。

6. 教学准备

① 奖励用的小黑板（黑板上写着每位学生的名字）、用于奖励的各种小动物磁贴。

② 多媒体课件（场地、教具、助教准备等）。

7. 教学过程描述

（1）律动导入

① 教师带领学生跟着音乐做"开火车"律动进入音乐教室。最前面的学生做

火车头，后面的学生拉着前面同伴的衣服成一队，在老师的指令下，跟着做碎步走、弯腰、踮脚等动作，并配以发声练习。

② 谈话引入：刚刚你是和谁一起开火车进来的？他是你的好朋友吗？（给能说出自己好朋友的学生名字后面贴上动物图片作为奖励）

（2）新授游戏

① 学习《找朋友》的律动组合

A. 观看视频，学习动作。

提问：小兔子在做什么？

找到朋友后，做什么动作了？（学习动作"敬个礼呀、握握手、我们都是好朋友"）

小兔子在找的时候，怎么做的？（学习有节奏地做动作"找呀找呀找朋友，找到一个好朋友"）

B. 固定伙伴合作表演。（与身边的朋友面对面合作表演"敬个礼呀、握握手、我们都是好朋友"，要求表演的时候看着对方。）

② 开展《找朋友》的集体游戏（自主找朋友游戏）

A. 师生围成一个大圆，边唱边做动作。（多次）

B. 教师和教辅示范表演找朋友的表演。

C. 师生互动，教师边唱歌曲边表演找朋友，被找到的小朋友合作完成表演。

D. 请小朋友来表演找朋友游戏。

E. 播放音乐，跟着音乐边唱边做动作，自由找朋友完成游戏。（给能找到好朋友一起合作完成游戏的学生名字后面贴上动物图片作为奖励）

（3）拓展延伸

① 出示圆舞板，尝试给歌曲《找朋友》伴奏。

② 出示纱巾，自由尝试用纱巾表演。

③ 集体分组展示。

学生在教师引导下分为三组：

第一组合作表演《找朋友》（律动发展较好的学生）。

第二组用圆舞板给歌曲伴奏（节奏感发展较好的学生）。

第三组跟着歌曲挥舞纱巾（能力弱的学生）。

④ 评价：根据学生意愿奖励各类动物图片，贴于学生名字后面。

⑤ 总结评价：今天，我们学习了律动表演《找朋友》，玩了《找朋友》的律动游戏，并用圆舞板给《找朋友》伴奏，还用纱巾伴舞了，每个小朋友都很棒，有很多动物愿意跟你们做朋友，我们一起数一数。（师生一起数每位小朋友的奖励数，教师把个数写在黑板上，比一比谁最多）

师生互说再见，在《再见歌》的音乐声中出音乐教室。

8. 活动评估

通过评估，A、B、C三组学生都能达到预设目标，以下几点还需要提高和改进。

① 目标需要进一步的调整、细化。在评估中发现，某些学生的能力超出了预设目标。例如，C组学生的节奏感进步很大，因给她加上"在辅助下，用圆舞板给歌曲伴奏"的目标。

② 注重学生创造性思维的培养。在用圆舞板伴奏和纱巾伴舞的时候，可以引导学生想出不同的伴奏方法和舞动动作，不仅仅局限于左右挥舞纱巾，可以在原有基础经验上拓展，如抛接、转圈等各种玩法。

③ 充分体现"找朋友"的主题特色。"拓展延伸"环节的设计与开展应仍以"好朋友"为中心展开会更加符合主题《找朋友》。如用圆舞板给歌曲伴奏，可以说成"我们跟圆舞板做朋友，可以怎么玩"，用纱巾伴舞，可以说成"我们和纱巾做朋友，怎么玩"。

④ 抓住生成性教学契机。在玩纱巾的过程中，B组学生想出了把纱巾盖在头上玩，此时教师一直考虑让他们按节奏舞纱巾，并未抓住可发展的教学契机。

点评："找朋友"游戏是小朋友熟悉且喜爱的经典游戏，歌词内容、动作表现都有一定的经验。本节课的重点在于互动表演。从个体表演、固定伙伴（身边的同学）面对面表演，到自主找朋友表演阶段，从教师和助教示范如何找朋友，到师生互动表演，再到生生互动表演，循序渐进，每个过程都有充分的练习时间以保障学生掌握，这样的重复也是游戏的基本特点，是符合儿童游戏天性的。在拓展阶段，教师用了响板和纱巾两种物件，在人与人互动的基础上增加了人与物互动的体验，其中掌握响板难度略大，需要双手合作完成，并表现节奏，纱巾更能发挥学生的创造性，将游戏中的情绪通过舞动纱巾进行表演，从学生的表现来看，学生在舞动纱巾的时候乐在其中，尝试与纱巾做各种互动，极好地表达了情绪。在此阶段，教师适当提醒学生将响板和纱巾作为新的伙伴角色进行活动引导，学生的创造、表达能力会得到更好的体现。

（该案例由海宁市培智学校浦雅琴老师提供）

（六）案例：《母鸡下蛋》

1. 授课对象

培智学校六年级学生。

2. 授课课时

本内容共2课时，本课为第1课时。

案例：《母鸡下蛋》
视频

3. 学生已有能力分析

六年级共有7名学生，经全人疗育评估表评估，动作能力在15～20项之间，均对音乐感兴趣，具备一定感受与理解能力，乐于参加各种音乐。A 组 3 名学生配合度高，能坚持做一些身体感觉疲惫的运动；B 组 2 名学生动作偏弱，但愿意配合；C 组 2 名学生动作较弱，做不了也不愿意长时间做运动，需要较多的鼓励及支持。

4. 音乐要素分析

教学内容选自歌曲《母鸡下蛋》，音乐内容简单易理解，结构鲜明，母鸡形象及音乐节奏都非常适合做音乐互动游戏，因此选择该内容作为本课音乐的媒介。A 段音乐歌词"咕咕，咕咕，母鸡在孵蛋；咕咕，咕咕，孵出一个蛋"，通过简单重复的描述，让学生能马上抓住重点——母鸡在孵蛋。B 段音乐从数字 1 逐段增加到 4，通过明显的数字提示和停顿，让学生有时间去理解及反应，并做出相对应的肢体动作，训练学生的思维反应和蹲起的能力。同时，随着数字逐段增加，学生动作保持时间增长，进一步锻炼学生的下肢力量和身体协调能力。

5. 教学目标

通过教学活动，我们希望 A 组同学完全达到以下目标，B 组同学能在老师提示下在集体中参与以下目标内容，C 组同学能在老师的语言或肢体辅助下参与以下目标内容。

① 能理解歌词内容，能跟随音乐进行数数、手指练习等活动。

② 能结合经验，按歌词内容模拟母鸡孵蛋、下蛋动作。

③ 能积极参与整个音乐游戏，体验音乐游戏的快乐。

④ 能在音乐中完成"蹲"和"起"的动作，在音乐游戏中完成康复练习。

教学重点：能理解歌词，并能跟随音乐做音乐游戏。

教学难点：能在音乐中参与表现音乐游戏，完成"蹲"的动作并保持身体稳定。

6. 教学准备

音乐、沙蛋、篮筐。

7. 教学过程描述

（1）声势节奏问好

同学 们 ｜ 你 好 ｜ 许老 师｜ 你 好 ‖

师生坐位，通过有节奏地拍手、摆手动作结合语言进行问好。

（2）新授

① 感知音乐：播放《母鸡下蛋》，学生聆听，并跟着老师按音乐节奏一起做拍腿动作。

② 音乐游戏：熟悉音乐。

A. 小手指指一指。

教师：伸出你们的手指头，指一指眼睛、鼻子、嘴巴、耳朵，跟着音乐的节奏、老师的指令一起来指一指五官。

学生听教师指令，完成以上动作。

B. 跟随音乐完成游戏。

③ 手指游戏：理解歌词。

A. 聆听歌词，用手指表示数字。

音乐当中还有一些数字，是哪些？1234，用手指怎么表示呢？

集体指导：在音乐说到1的时候，我们马上要把手指伸出来，注意听音乐哦。

个别化指导：教师指导学生练习用手指表示数字。

B. 在音乐中，师生一起完成用手指表示数字活动。

④ 身体游戏：下蹲练习。

A. 引导学生理解歌词：咕咕，咕咕，母鸡在孵蛋。

母鸡是怎么孵蛋的呢？同学们能模仿一下吗？

学生起立，模仿母鸡孵蛋，双手屈肘平举在胸前做上下摆动模拟母鸡上下扑动翅膀。

B. 引导学生理解歌词：咕咕，咕咕，孵出一个蛋。

教师先讲解，再练习下蹲下蛋动作。学生能控制身体独立完成蹲和起两个动作，并在下蹲的同时伸出一个手指表示孵出一个蛋。

（3）音乐游戏：母鸡下蛋

① 在音乐中，完成母鸡孵蛋表演。

前奏：站位，左右摇摆身体。

第一乐句，双手屈肘平举在胸前有节奏地做上下摆动模拟母鸡上下扑动翅膀。

第二乐句，扑动翅膀两次然后下蹲。

伸出一个手指头，并念"1"。

游戏继续，随着音乐反复不断增加蛋的数量（从1个逐渐增加到4个），学生保持下蹲动作的时间也就越长。

② 活动拓展，使用道具。

用沙蛋模拟鸡蛋，完成一次下蛋表演拿起一个蛋扔进筐子里。

教师先示范，学生练习。

③ 学生表演。全程蹲位，完成音乐游戏。

（4）再见

快乐的时光总是短暂的，我们要说再见了。

<u>同 学</u> 们 | 再 见 | <u>许 老</u> 师| 再 见 ‖

8.活动评估

① 学生能有节奏地做声势律动。

② 学生喜欢这个活动。

③ 学生能完成下蹲，对于 A、B 组学生来说强度不够，C 组同学的辅助不够到位，要尽量引导其坚持长一点时间。

④ 学生在用整个身体参与活动时最开心，用沙蛋和道具也是他们非常喜欢的部分。

⑤ 从教学过程中看，语言引导和及时评价对学生帮助最大。

反思：本节课为该教学内容的第一课时，歌曲简单易懂，学生理解较快。本节课重点是在音乐理解的基础上，通过语言理解、手指和身体动作的练习，锻炼学生的注意力、记忆、理解、思维及动作能力。音乐活动从简到难，从坐姿到站姿再到蹲姿，多感官给予学生刺激，促使学生更加专注地参与表现。随着学生对游戏的熟悉程度越来越高，学生参与度越高，沉浸其中，感受到了音乐游戏的快乐。整堂课欢快活泼，有趣好玩，学生都进入了角色扮演，基本达成音乐教学目标，在练习"蹲"的音乐游戏中，可再多花些时间让学生锻炼，康复效果会更好。

点评：该音乐活动是基于儿童知动能力评估开展的针对性的集康复与活动一体的音乐游戏。重点通过下蹲动作练习儿童下肢力量和身体协调平衡能力。教师巧妙地选择了《母鸡下蛋》这首歌曲，下蹲动作形象地表现了母鸡孵蛋的情境，寓练习于游戏之中，很有创意。这首歌曲一共有四段，每一次反复都增加蛋的数量，使得儿童下蹲保持时间增长，达到很好的锻炼效果，在这个过程中，也充分体现个别化教育，能力较弱的同学在助教的辅助下完成动作。在活动组织中，教师通过指五官、数数等方式熟悉音乐，理解歌曲内容，在充分体验的基础上开展音乐游戏，循序渐进，符合智力与发展性障碍儿童的音乐学习特点。

（该案例由天台县特殊教育中心许丽芳老师提供）

（七）案例：《我是一颗跳跳糖》

1. 授课对象

培智六年级。

2. 授课课时

本课共 3 课时，本课为第 3 课时。

3. 学生已有能力分析

案例：《我是一颗
跳跳糖》视频

六年级共有 8 名学生，其中 4 名学生对音乐感兴趣，具备一定感受与欣赏的能力，乐于参加各种音乐活动，能接唱歌词，有控制音量的能力，能区分强弱拍，并能用肢体动作表示；2 名学生对音乐感兴趣，但律动与节奏能力弱，缺乏主动性，参与意愿较弱，能接唱部分歌词，能模仿老师做动作表示强弱拍，其中一名学生为孤独症，刻板行为较多；2 名学生为唐氏儿童，注意力不集中，没有语言能力，仅对部分音乐感兴趣，偶尔拒绝参与音乐活动，参与音乐活动需要大量辅助。

4. 音乐要素分析

教学内容选自歌曲《我是一颗跳跳糖》副歌部分，为当下流行、深受学生喜爱的音乐。歌词对接简单富有趣味，节奏鲜明，旋律欢快，因此选择该内容作为本课音乐知识点训练的媒介。A 段音乐主要是简洁的说唱形式："我是一颗糖。一颗什么糖？"通过简单但有节奏的一说一问，训练学生聆听的能力以及正确接唱的能力，提升学生的专注力。B 段音乐主要是鲜明的节奏"蹦哒哒蹦哒"。通过强烈的节奏，训练学生对强弱拍的感知与记忆，并能用不同的形式展示。

5. 教学目标

通过教学活动，我们希望 A 组同学完全达到以下目标，B 组同学能在老师提示下在集体中参与以下目标内容，C 组同学能在老师和同伴的肢体辅助下参与以下目标内容。

① 能热情地参与整个活动，体验音乐集体活动的激情与快乐。

② 能在老师的带领下大声地有节奏地接唱歌词，学习合作。

③ 能用身体模拟彩色伸缩球的伸缩（扩张/缩小），根据个体能力差异用拍手、蹲起、蹲跳等方式表现二四拍强弱规律。

④ 能在老师的提示下参与身体律动，能听辨出 AB 两个乐段并用不同的动作表现。

教学重点：能有节奏地接唱歌词，并能跟随音乐律动。

教学难点：能在音乐曲式结构中表现律动。

6. 教学准备

PPT 课件、彩色伸缩球。

7. 教学过程描述

（1）暖身活动，回忆导入

① 暖身活动，全体围成圈跟着奥尔夫音乐《开始与停止》律动。

② 回忆导入。

A. 还记得活泼调皮的跳跳糖吗？它会在我们嘴里怎么样呢？

B. 让我们继续变身快乐的跳跳糖，唱起来跳起来吧！

（2）我唱你接，挑战歌词

① 歌词动感接唱。

A. 听一听说一说，记忆歌词。

播放《我是一颗跳跳糖》，学生聆听回忆歌词：我是一颗糖，一颗什么糖？集体跟老师说歌词，掌握语言节奏。

B. 我唱你接。

师生合作：（师）我是 一颗 糖。（生）一颗 什么 糖？

学生合作：（生）我是 一颗 糖。（生）一颗 什么 糖？（老师手持彩色伸缩

球有节奏地进行动作提示）

② 请你像我这样唱。

A. 一对多互动：老师用不同音量念歌词，学生用同样高或低的声音接唱。

B. 指向个别化学习的一对一互动：教师选择学生进行一对一的接唱互动，对于能力较弱的学生，教师用肢体动作、语言等辅助完成。

③ 轻快有节奏地唱：跳跳糖们，让我们再一起跟音乐唱吧！

（3）拍拍跳跳，强化节奏

① 播放《我是一颗跳跳糖》，学生聆听，回忆：你能用自己喜欢的方式，给听到的音乐打节拍吗？（引导学生用自己喜欢的方式表现节拍，教师及时跟随引导学生）

② 强弱拍巩固：用拍手-拍腿、跳跃-蹲下等形式练习。（利用彩色伸缩球作为提示：球向上抛—跳跃；球落下—蹲下）

③ 出示歌词通过跳起和蹲下表现节奏：蹦哒哒（强）蹦哒（弱）。（通过传球提示跳跃起，拿到球做跳跃动作）

④ 播放音乐，起立围圈，跟音乐律动："蹦哒哒"跳起—"蹦哒"蹲下。

（4）律动游戏，体验快乐

① 律动整合。

A. 教师：快乐的跳跳糖们，让我们来挑战一下，把接唱和节奏连起来。

B. 学生练习：通过彩色球做提示。

C. 集体练习。

② 律动游戏拓展：我就是一颗跳跳糖。

A. 学生围成圈，教师将伸缩球扔给某个同学，那个同学就变成一颗跳跳糖，跳起接球，再扔给下一个人，要求一气呵成，完成传球。

B. 集体练习：播放音乐，在音乐节奏中完成传接球，一颗颗跳跳糖此起彼伏，在欢快的音乐中完成传接球游戏。

C. 学生分组练习：跟音乐同伴合作展示律动活动《我是一颗跳跳糖》。

D. 学生围成圈，播放音乐，一起做快乐的跳跳糖！选出最快乐的"跳跳糖"。

（5）课堂小结，课外延伸。今天我们都是一颗快乐的跳跳糖，在课堂上一起快乐地活动，回家以后，同学们可以邀请爸爸妈妈和你们一起唱唱玩玩。

8. 活动评估

该教学内容的第三课时，学生对歌词内容、歌词节奏、歌曲情绪已有较充分的体验。本节课重点是在此基础上，通过动作和语言的双重练习，学生在欢快的律动中，能和老师有效准确地进行一问一答的互动。能用肢体动作体验并表现二四拍的强弱动律，在提示下能弱拍微蹲、强拍跳起。教具彩色伸缩球的使用，符合学生对色彩的视觉刺激需求，伸缩球抛上去打开、落下收紧的动态变化，使跳跳糖的形象更鲜明，从视觉和动作两个方面给予学生刺激，学生特别喜欢，在抛接彩色伸缩球环节，学生的情绪达到最高点，每个人的眼睛都盯着球，脸上都带着期待的笑容。学生对于音乐有了较好的感知，尤其在最后一句"跳跳糖"的节奏点，全体同学都能准确地大声念出来并用跳跃（或者模拟跳跃）的动作进行表现，情绪表达充分。整堂课音乐欢快活泼，歌词一问一答有趣好玩，全体学生都能投入跟随老师引导用律动体验并表达歌曲，主要动作为蹲起、蹲跳等，活动量较大，在达成音乐教学目标的同时较好地结合了核心力量的锻炼，有一定的康复价值。

（该案例由海宁市培智学校陆振飞老师提供）

（八）案例：《兔子跳跳跳》

案例：《兔子跳跳跳》
视频

1. 授课对象

培智学校四年级学生。

2. 授课课时

本课共 10 课时，本课为第 10 课时。

3. 学生已有能力分析

四年级共有 10 名学生，按语言能力划分，其中 5 名学生语言能力较好，能跟着音乐演唱歌曲，能跟节奏准确接唱"跳跳跳"；2 名学生口齿不清，但愿意跟着音乐一起唱部分歌词，音准不准；3 名学生基本没有语言，在老师引导下愿意参与音乐活动，偶尔会跟唱一两个字。按动作能力划分，其中 4 名学生动作能力较好，且主动性较好，能跟随音乐律动，并在音乐中能双脚离地有节奏跳跃；4 名学生动作能力相对差一些，跟着大家做简单的律动动作，在"跳跳跳"的歌声中能双脚离地跳一次，需在老师的引导下参与音乐律动；2 名学生动作能力弱，且主动性差，需要在老师的协助下才能参与部分音乐律动。1 名学生为孤独症，需老师大量引导与支持。

4. 音乐要素分析

《兔子跳跳跳》是一首情境性、游戏性较强的歌曲，旋律轻松明快，歌词简单易懂。歌曲塑造了蹦蹦跳跳的小兔子们拔萝卜又没有吃到萝卜的可爱形象。歌曲的旋律多采取重复的特点，朗朗上口便于学生记忆，更适合儿童学唱。

5. 教学目标

（1）A 组（4 人）

①能欢快地演唱歌曲，准确地表达 ×××× 的节奏。

②能开心愉悦地跟着歌曲律动，用双脚离地跳跃的动作表达 ×××× 的节奏。

（2）B 组（4 人）

①能欢快地跟唱歌曲，表达 ×××× 的节奏。

②能在老师提示下跟着歌曲律动，用双脚离地跳跃的动作表达 ×××× 的节奏。

（3）C 组（2 人）

①能跟着同伴或老师演唱歌曲，表达 ×××× 的节奏。

② 能在同伴或老师的带领下跟着歌曲模仿兔子耳朵、双脚离地跳跃等律动。

教学重点：①能欢快地演唱歌曲，准确地表达 $\underline{\times\times}\ \times$ 的节奏；②能开心愉悦地跟着歌曲律动，用双脚离地跳跃的动作表达 $\underline{\times\times}\ \times$ 的节奏。

教学难点：能欢快地演唱歌曲并跟着歌曲律动，用双脚离地跳跃的动作表达 $\underline{\times\times}\ \times$ 的节奏。

6.教学准备

PPT 课件、毛绒玩具（胡萝卜）、串铃、鼓、奖励贴纸、头饰。

7.教学过程描述

（1）课前准备

① 整理准备。

② 课前律动《六只小鸭》：根据歌词内容，跟随音乐节奏，采用模仿小鸭走路、扑扑翅膀、转圈、嘎嘎叫等动作进行律动。

课前常规律动，活跃课堂气氛，激发学生参与兴趣，提升学生的音乐感知和律动能力。

（2）节奏巩固

① 情境导入：小兔子说，你们帮它拔的萝卜又大又甜又脆，可好吃了，想问问小朋友，这些萝卜是哪里摘的呀？

② 聆听歌曲：让我们一起带着小兔子去拔萝卜吧。

"别忘了我们拔萝卜的秘诀哦。"（秘诀：听到歌曲中"跳跳跳"的歌词时，双脚离地跳跃）

③ 节奏 $\underline{\times\times}\ \times$ 巩固。

A. 出示节奏 $\underline{\times\times}\ \times$，教师敲鼓：拍手打节奏 $\underline{\times\times}\ \times$；拍手拍腿打节奏，$\underline{\times\times}$ 拍手，$\times$ 拍腿；用串铃打节奏。

设计意图：从双手协同拍打节奏，到拍手、拍腿打节奏，进一步锻炼稳定的拍感和动作协调能力，在此基础上，通过使用串铃泛化节奏表现技能，锻炼学生对物件的控制意识与能力，学习人与物的互动。

B. 出示词卡"跳跳跳"（基于"学科整合"理念，出示词卡，从视觉上给予学生提示，同时也能强化学生对"跳"字的认识）：带入歌词练习节奏；开小火车逐个练习。

C.播放歌曲，在音乐中表现节奏：听到"跳跳跳"的时候，用串铃表现节拍。

设计意图：在稳定的节奏表现能力带动下，更容易帮助儿童使用语言，说出"跳跳跳"，教师使用词卡，给儿童提供视觉提示，视听动结合开启多感官学习。在集体练习的基础上进行个别化练习。在充分练习的基础上，在音乐中进行节奏表现。

（3）歌曲巩固

① 听音乐齐唱歌曲。

②用拍手表现"跳跳跳"的节奏。

③用串铃表现"跳跳跳"的节奏。

（4）活动拓展

①唱歌表演。

A. 听音乐边表演边唱，用双脚离地跳跃的动作表达"跳跳跳"。

"××你跳得真好，请你当小老师带领小朋友们一起跳吧。"

B. 指名示范，戴上头饰，小组合作唱歌表演。

②律动展示：师生一起去菜园拔萝卜咯！（教室后面空地放上剪好的萝卜，学生戴上小兔子头饰，跟随音乐，跳跃去"拔"萝卜）

（5）总结评价

8. 活动评估

课堂中，通过前面9课时的教学，学生对音乐已经相当熟悉，本节课上，参与律动的积极性较高，A组学生能在听到"跳跳跳"时，有节奏地双脚离地连续跳跃，能跟着音乐演唱歌曲。B组学生能在老师提示下双脚离地跳跃一次，能主动地跟着音乐唱出部分歌词。本节课，所有学生参与意愿都较强，对于节奏练习和情境表演，表现出极大的积极性。

（该案例由海宁市培智学校陆振飞老师提供）

（九）案例：《小手爬》

1. 授课对象

培智学校三年级学生。

案例：《小手爬》
视频

2. 授课课时

教学内容设计共3课时，本课为第2课时。

3. 学生已有能力分析

班级共有学生8人，女孩4人，男孩4人。其中脑瘫2人，存在动作障碍；唐氏综合征2人。学生能力的差异性较为明显，现根据学生的实际情况，分组如下。

A组（3人）：该组学生认知能力较好，跟随能力较强，节奏感较强，手部精细动作能力较好，能在示范教学后完整演唱歌曲，能与老师进行课堂互动，课堂主动性较高，在教学中要多引导、肯定，同时需要进一步引导用合适的音量唱歌。

B组（3人）：该组学生1名学生认知较好，跟随能力较好，节奏感较弱，手部动作能力较弱；1名学生注意力弱，能简单哼唱；1名学生没有口语能力，在伙伴的带领下能参与课堂，动作模仿能力较好，参与课堂的主动性较弱，听指令能力较好。

C组（2人）：该组学生认知能力弱，课堂参与度低，对音乐敏感度低，对节奏的分辨能力弱，手部精细动作欠佳，课堂常规弱。该组学生参与音乐活动需要教师大量支持，可加强跟随音乐模仿动作的能力。

4. 音乐要素分析

《小手爬》是一首活泼、有趣的歌曲，通过律动能让学生在音乐中感知手的动作变化和与身体接触，进一步了解身体的不同部位，从而产生愉快的情绪。歌曲旋律上行、下行变化明显，速度为中速，节拍为 2/4 拍，节奏平稳，适合低段学生边唱边双手有节奏地爬，开展音乐游戏。在特殊儿童课堂上，可结合康复精细动作训练，开展手部动作锻炼。

5. 教学目标

（1）A 组

① 能根据歌词内容做小手在身体上爬上爬下的动作，进一步了解身体不同的部位。

② 借助小手的上下爬动，感受和表现音乐旋律的上行、下行。

③ 能跟随音乐节拍有节奏做相应动作。

④ 能在教师的引导下，仿编歌词和动作。

（2）B 组

① 能跟随指出身体不同的部位。

② 提示下能根据歌词内容做小手在身体上爬上爬下的动作。

③ 提示下能跟随音乐节拍有节奏做相应动作。

④ 能跟随做仿编动作，感受韵律活动的乐趣。

（3）C 组

① 在韵律活动中感受小手在身体上爬的乐趣。

② 能随音乐模仿做小手爬上爬下的动作。

教学重点：能跟随音乐节拍有节奏做相应动作。

教学难点：能感受和表现音乐旋律的上行、下行。

6. 教学准备

音乐、苹果树 KT 板、PPT。

7. 教学过程描述

（1）律动导入，巩固认识

① 师生问好，整理常规。

② 播放"身体音阶歌"，教师带领学生集体律动。

③ 小结，强调能从下到上认识自己身体的部位了。

在"身体音阶歌"的带动下，学生能从上到下的顺序进行身体接触，巩固对自己的身体部位的认知，同时初步进行上和下的空间感知，为接下来的学习准备经验。

（2）直观体验，学习律动

① 学习律动

A. 教师组织：今天我们的手朋友想和我们来玩一个游戏，瞧，老师的手在做什么？

教师示范：教师以较慢的速度一边唱儿歌一边做动作，"爬呀爬呀爬呀爬，一爬到顶上；爬呀爬呀爬呀爬，一爬爬到小脚上"。

B. 师生交流：小手先爬到哪里？后来又爬到哪里？

引导学生说出"头顶上"和"脚背上"，并用动作指示出来。

C. 教师组织提问：小手是怎样爬的？你能模仿做一做吗？分解步骤如下。

第一步：（呈现视觉提示）边念歌词"爬呀爬呀爬呀爬"边随节奏拍4次大腿，教师个别动作协助C组学生。

第二步：恒拍练习，跟着鼓点一起打节拍。助教老师敲鼓，教师引导学生边念歌词边合着鼓点节奏拍4次大腿。

第三步：向上做恒拍动作。引导边念"一爬爬到头顶上"边小手向上拍4次落到头顶。

第四步：助教老师敲鼓，边念歌词边合着鼓点节奏小手向上拍4次落到头顶。

第五步：聆听音乐，边唱边有节奏地律动。

D. 同样的方法学习"爬呀爬呀爬呀爬，一爬爬到小脚上"。

在这个环节中，重点是能按照歌词有节奏地做律动。从歌词中感知节奏，听着鼓声辅助做稳定的恒拍表现，能向上或向下做稳定的恒拍表现。对于智力与发展性障碍儿童来说，这是一个需要分解的过程，同时提供视觉辅助、声音辅助、肢体辅助。

② 表现律动

A. 教师组织：小手说他喜欢一边唱歌一边跟我们做游戏，我们来听听看看，它是怎么唱的和玩的。

教师示范：教师随着音乐一边唱歌一边做动作，完整示范表演，突出在每句结束时小手爬到头顶上或小脚上。

B. 听音乐师生共同做律动，进一步感受和表现旋律的上行和下行。

这是完整律动表现，要引导学生认知听音乐，在音乐中表现。动作表现要体现乐句，每个乐句对应不同的动作，动作的开始和结束与乐句的开始和结束要相吻合。

③ 创编律动

A. 歌词创编

教师组织：这首歌里的小手真可爱，爬来爬去到处走。想一想，除了头顶和小脚，小手还可以爬去哪里？引导学生说出或用动作做出（眼睛、肩膀、膝盖、小腿等）等部位，帮助学生仿编歌曲，上台表演自己编的律动。

B. 动作拓展

教师组织：小手还可以怎样爬呀？

引导学生用一个手指头弯曲、五指弯曲、拇指和四指折叠多形式边唱边律动。

请学生上台展示律动，教师及时评价。

C.情境表演

教师组织：出示学校里学生最爱玩的攀爬架图片，想一想，可以怎样爬？（双手分离协调向上爬）

播放音乐，请一名能力较强的学生领着大家边唱边模拟向上爬一爬。

创编过程是一个练习、巩固、拓展的过程，是学生运用已有经验和能力开展的活动。动作创编结合了康复需求，比如通过"小手还可以怎样爬"进行手指精细动作的练习，通过校园内熟悉的攀爬架玩耍经验进行双手分离协调的练习。所有的活动都是在音乐中进行的。

（3）泛化运用，拓展提升

组织音乐活动《爬大树》：你们的小手真灵活！这里有一棵音乐苹果树，请你戴上手套，跟着音乐的节奏爬大树，去"摘"下苹果。

① 教师示范，请一名同学合作摘苹果。

② 两人一组律动。

③ 集体展示，教师指导个别学生。

在创设的情境中进一步练习，学生要合作完成两个动作"爬"和"摘"。

（4）课堂回顾，总结评价

① 教师：你们的小手能跟随音乐爬上、爬下，真厉害！

② 播放轻音乐，学生聆听放松。

8.活动评估

（1）教学目标达成情况

① 班级大部分学生能根据歌词内容做小手在身体上爬上爬下的动作，初步感受和表现音乐旋律的上行、下行，目标达成度较好。

② 对于手部动作有困难的特殊学生，一方面可以简化动作，用双手协同上下代替双手交替上下，另一方面需要课后与康复教师沟通，开展相应的针对性干预。

（2）教学过程中存在问题：个别学生存在小手爬行的速度与音乐节奏不匹配情况，手爬的过快或过慢，需要教师进一步示范，引导仔细听音乐中的关键词"头顶上""脚背上"。

（该案例来自海宁市培智学校陈美奇老师课堂教学）

（十）案例：《小星星洗澡》

1.授课对象

培智学校一年级学生。

2.授课课时

总课时 4 课时，本课为第 3 课时。

案例：《小星星洗澡》
视频

3. 学生已有能力分析

共有 7 名学生，A 组 3 名学生动作能力较好，具有一定的音乐欣赏和感受能力，能跟随音乐进行律动，课堂参与度较高；B 组 2 名学生由于注意集中时间短，在老师的带领或者提示下进行动作模仿学习，过程中需反复提醒；C 组 2 名学生参与活动的意愿较高，但由于动作障碍导致活动受限，能高举双手，但无法完成双脚原地跳，需要给予动作协助。

4. 音乐要素分析

儿童歌曲《小星星洗澡》，以简洁的歌词，活泼优美的旋律，刻画了晴朗的夜空，小星星倒映在小河中的美好画面。歌曲为 3/4 拍，由四个短句构成，其中第一乐句和第三乐句旋律相同，第二乐句和第四乐句旋律相似。

5. 教学目标

（1）A 组

① 能独立完成手部动作。

② 能独立往前跳。

③ 能跟随音乐节奏，在提示下律动。

（2）B 组

① 能在提示下完成手部动作。

② 能在提示下往前跳。

③ 能跟随音乐节奏，在教师示范下律动。

（3）C 组

① 能模仿完成举起双手。

② 能在协助下向前跨步。

③ 能在辅助下完成律动。

教学重点：能跟随音乐歌曲节奏做出律动动作。

教学难点：能跟随音乐歌曲节奏做出律动动作。

6. 教学准备

课件、音乐、星空灯、星星灯等。

7. 教学过程描述

（1）课前准备，激发兴趣

① 整理准备。

② 课前律动：《洗澡歌》。

（2）动画导入，直观体验

教师：哇，洗完澡，小朋友们都睡觉了，咦，是谁还在外面玩呀！

① 打开星空灯

教师：原来是小星星呀。你愿意和小星星做好朋友吗？小星星在夜空和我们打招呼呢！

②播放动画，直观体验

教师：小星星一闪一闪的，可真干净，真好看呀！小星星要来和小朋友们打招呼咯！师生抬手击掌。

（3）动作感知，模仿学习

①律动——小星星在夜空

A. 教师律动示范

教师：小星星说，夜空可好玩啦。想邀请小朋友们一起来玩耍，让我们一起来看一看吧！

小星星，在夜空：上肢完成下垂伸展、水平伸展、上举伸展三个动作。

B. 教师：谁想去夜空和小星星玩？教师发道具，带一名学生律动。

C. 教师：哇，你真棒，和小星星交上朋友了。小星星还想交更多的好朋友。（2~3名学生跟教师律动。）

教师：小星星在夜空，你们也变成了闪亮的小星星。

D. 教师：天上多了好多可爱的小星星！播放音乐，尝试全班律动。

教师示范，学生模仿，个别动作协助。

②律动——每晚跳进小河中

A. 教师：星星说，玩累了，想回家休息了。可是你们瞧，小星星的身上玩得好脏呀！怎么办呢？播放动画，观看、聆听。

教师：小星星想要到小河里洗澡，可是它在高高的天上，怎么到小河里去呢？

教师动作提示，引导学生回答"跳"。

B. 教师：你们可真是小星星的好朋友，帮小星星找到了这么好的办法。

第一步，教师示范"跳"——双脚向前跳；第二步，个别跳；第三步，小组跳。

教师：小星星给小朋友们带来了音乐，请我们的小星星们跟随音乐，和小星星一起跳一跳。

③律动——痛痛快快洗个澡，我夸小星星讲卫生

A. 教师：小星星呀要跳进小河里洗澡了，那小朋友们平时是怎么洗澡的呢？指名做一做洗澡动作。

B. 教师：小朋友们洗的可真干净，老师要夸一夸你们。我们的小星星也洗得干干净净的，让我们一起夸夸它。

（4）律动展示

教师：小星星说，小朋友们都越来越闪亮了。小星星想邀请大家一起，去高高的夜空一起玩耍，一起洗得干干净净，做夜空中最闪亮的小星星！

①教师示范，跟随音乐律动。

②集体展示，站在"小河边"跟随音乐律动。

打开星空灯，听音乐边唱边律动。

8. 活动评估

学生能在老师的引导下参与教学活动，能跟随音乐进行律动，感受律动带来的快乐。

（该案例由海宁市培智学校李锴鑫老师提供）

（十一）案例：《开车舞》

1. 授课对象

培智学校五年级学生。

2. 授课课时

总课时 3 课时，本课为第 1 课时。

3. 学生已有能力分析

共有 7 名学生，5 名女生，2 名男生。其中 1 名脑瘫学生，1 名注意缺陷多动障碍学生，学生能力差异较大。A 组 3 名学生课堂参与度高，课堂表现积极活跃，能主动跟随老师参与歌唱和律动，模仿能力较好；B 组 2 名学生能在老师提示下参与歌唱和律动；C 组 2 名学生较为多动，注意力不集中，且会影响其他同学学习，需要经常关注提示，在老师言语与动作支持下才能参与活动。

4. 音乐要素分析

《开车舞》是一首节奏鲜明、欢快的音乐，它有着固定的音型和小型的回旋曲形式的节奏特点，非常适合智力与发展性障碍学生进行律动和游戏。学生用肢体动作模仿开车的动作，利用音乐律动有效激发学生对音乐的热情，感受欢快活跃的音乐气氛，使学生得到音乐艺术美的熏陶。在律动中让学生感知理解音乐的相关概念以及培养他们对音乐的感觉和体验。同时，动作的模仿运用、音乐节奏的感知、共同游戏等活动融入了视听觉、触觉、精细动作等康复元素，多领域提升学生等能力。

5. 教学目标

（1）A 组

① 能根据音乐节奏掌握拍打的方法。

② 能通过肢体律动感受音乐的段落。

③ 能够随着音乐节奏快速做出反应。

④ 能互相合作及配合律动，体验律动游戏的快乐。

（2）B 组

① 能根据音乐节奏掌握拍打的方法。

② 能通过肢体律动感受音乐的段落。

③ 能互相合作及配合律动，体验律动游戏的快乐。

（3）C组

①能感受乐曲的欢快与活泼。

②能乐意用身体动作感受音乐节奏。

教学重点：能根据音乐节奏做出律动动作。

教学难点：能根据快慢节奏转换做出律动动作。

6.教学准备

PPT课件、秋游场景布置。

7.教学过程描述

（1）秋景视频，激趣导入

① 教师："老师拍了好多秋天美丽的风景想和大家分享。"播放视频引导学生观看。

② "同学们看到了秋天有什么呀？"引导学生说一说看到的秋景。

③ 教师："秋天有红色的枫叶、黄色的银杏还有金黄的水稻，真是非常的漂亮，老师也想请同学们去看看。"呈现PPT画面，导入开车去秋游。

（2）方向盘，转转转

① 教师："爸爸妈妈是怎么开车的呢？"引导说出转方向盘，呈现方向盘。

② 教师："那今天这节课我们就来学一学、转一转。"示范动作：转手。

③ 组织学生进行律动模仿。

引导学生随教师的节奏转换慢速、快速。

④ 教师："我们还可以换着转哦！"示范转转转——拍拍拍的动作。

⑤ 组织学生进行跟随练习。

⑥ 教师："接下来我们要跟着音乐来试一试哦！"播放音乐，引导学生跟随律动音乐进行慢速、快速的律动动作。

（3）喇叭，滴滴滴

① PPT呈现"滴滴滴"声，"是什么声音呢？"引导说出喇叭声。

② 教师："原来是喇叭声音，喇叭刚才是怎么发出声音的呢？"引导说一说。

③ 教师："我们来学一学喇叭吧！"示范动作：拍手、推手。

④ 教师："让我们朝着同学试试按喇叭吧！"组织全体学生向右转，进行律动。

⑤ 组织学生与同学对坐，随音乐进行律动。

（4）开汽车，去秋游

① 教师："同学们很给力，都学会了，现在要请同学们一起开车去秋游啦！"起立示范首段动作。

② 教师围绕座位绕圈，依次引导学生轮流进行律动并排队。

③ 教师："接下来我们要跟着音乐启动了哦！"引导学生跟随老师进行整段律动模仿。

④ 播放音乐，引导学生跟随慢速、快速音乐进行律动。

（5）互动拓展，乐秋游

① 教师："我们到了，一起野餐、秋游吧！"引导学生坐于野餐垫，布置野餐。

② 教师："在野餐开始前我们一起跳舞庆祝下吧！"引导全体学生随音乐再次进行律动并与学生互动。

③ 教师："同学们真棒，那我们开始野餐、秋游吧！"组织学生品尝秋天的美食。

8. 活动评估

学生对于课堂活动表现出较大兴趣，能积极参与游戏活动中，课堂氛围欢乐、融洽，《开车舞》的活动符合学生动作发展水平。在教学过程中，律动部分老师还可适当放缓速度和提示，学生可能可以更好地跟随律动，对于能力较弱的学生应有更多关注与支持。

（该案例由海宁市培智学校盛丹颖老师提供）

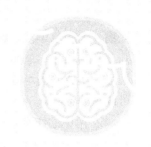

第五章
常用教辅具及其使用

 学习目标

1. 了解智力与发展性障碍儿童教辅具的常用类型及特点。
2. 理解道具在智力与发展性障碍儿童律动与游戏中的作用。
3. 掌握常用教辅具的使用。

　　智力与发展性障碍儿童的教辅具主要有教师使用的教具、儿童使用的道具和辅具。教具是为了辅助教师更好的组织教学，比如在手上套上鲜艳夸张的手套以吸引儿童注意力，为了鼓励儿童做向上伸展的动作，教师会在其上方持一些喜欢的物件吸引其向伸展等。辅具一般指为智力与发展性障碍儿童在游戏中提供的支持物，比如梯背架就可以辅助脑瘫儿童保持比较稳定的姿态，并辅助儿童推着它往前移位。道具的使用可以鼓励和刺激儿童通过更多方式来表达自己。本章推荐的道具是较为常见的基本用具，从某种程度上来说，任何物件都可以成为儿童进行律动游戏的道具，比如一个气球、一根筷子、不同颜色的纸张、一个纸箱等。在为智力与发展性障碍儿童选择教辅具的时候，尽量选用色彩鲜艳的或者造型稍夸张的来吸引儿童注意力，尽量选择不同质感的材料，粗糙的、光滑的、硬的、软的等，为智力与发展性障碍儿童提供不同的触觉刺激，锻炼手部小肌肉，提高抓握能力。常用教辅具的作用：①促进小肌肉发展，提高抓握能力；②促进手眼协调；③发展触觉；④促进情绪宣泄或情感表达；⑤辅助定位或移位路径；⑥吸引注意力，提高兴趣；⑦有助于保持身体平衡；⑧创设情境，丰富表现形式。

一、常见的材料和道具

（一）丝巾

1. 形状、材质

丝巾轻柔透薄，一般为方形、三角形、长方形，色彩丰富。作为情绪表达的外化物，因颜色丰富，触感细腻，容易抓握，且没有安全隐患，是智力与发展性障碍儿童常用的律动道具。在使用时，鼓励儿童用各种方式让丝巾飘动起来。丝巾可塑性强，揉成一团可称为花朵，披在身上可变成翅膀或披风。总之，是儿童表演中不可或缺的道具。

2. 常见动作及方式

挥舞：单/双手抓捏丝巾，跟随音乐左右、上下舞动。

抛接：将丝巾握成一团，然后向上抛，再接住下落的丝巾。

左右换手：左手执丝巾抛物线舞动从左往右，右手接住，然后从右往左重复。

互动方式：抛接，一人抛/递给另一人，另一人接住并用相同或不同的方式传递回去；拉锯，一人执一端，互动模拟拉大锯。

（二）球类

球类是儿童非常喜爱的玩教具，对于智力与发展性障碍儿童来说，选择大小适宜、容易抓握控制的球是活动顺利开展的基础。根据儿童的特点及能力选择并运用球类道具是律动与游戏的重要内容。

1. 伸缩球

伸缩球是一种结构性的可自由伸缩的球，色彩丰富鲜艳，因表面是可伸缩的支架而方便抓握。

2. 网球

大小适中，具有摩擦力，方便抓握，在使用过程中容易滚动不易掌控。一般用于指导儿童握球打拍子、传递等进行节拍的体验，比如从左手转到右手，或者传递给他人。

3. 皮球

有弹性，触觉光滑，对于智力与发展性障碍儿童来说，一般以双手配合捧握，以原位上下左右或面对面传球动作为主。

4. 大笼球

由弹性塑料制作，充气中空。一般有两种，一种是光滑皮面，另一种球面上有很多粗点。直径60cm左右。儿童可以推动大笼球滚动，或者趴在球上由教师辅助进行有节奏的律动。

5. 花生球

由弹性塑料制作，充气中空，外面形状形似花生。儿童可以坐或者骑在花生球上，也可两人一组共同搬运花生球。

6. 啦啦操花球

手持手把，由各种颜色鲜艳的电光纸条扎成的饱满蓬松圆球形状，重量很轻。双手各拿一只花球，在做律动时可以加强视觉刺激。

（三）环形物件

1. 呼啦圈

呼啦圈根据直径的大小可以有不同的用途。

定位作用，智力与发展性障碍儿童对位置的感觉不敏感，可以通过色彩鲜艳的呼啦圈辅助其定位，比如指定站在呼啦圈里面，将多个呼啦圈排成一排，可以引导儿童的移动路径。

圈内圈外边界游戏。比如，游戏时圈内是安全的家，圈外是自由活动空间等；可以在地板上放几个环，让儿童探索环内、环外，以及内外运动的不同方式。鼓励智力与发展性障碍儿童将他们身体的一部分放进环内，比如可以把呼啦圈竖起来，引导儿童："你可以把手伸进环里吗？"

2. 甜甜圈

直径为 20cm 左右的环形物件，色彩鲜艳，形似甜甜圈面包而命名。

可作为辅具，辅助绕手练习。

案例《绕线线》

绕线　线，（双手在胸前向外绕手）

绕线　线，（双手在胸前向内绕手）

拉呀　拉呀　嘿嘿　嘿。（双手在胸前撑开似扩胸运动，然后拍手 ×× ×）

智力与发展性障碍儿童因双手协调能力差而无法完成双手的绕圈动作，将双手套入圈内，在环形圈的辅助下进行绕圈动作，待动作熟练后可撤去辅助，徒手完成动作。

（四）团体类道具

1. 彩虹伞

圆形，色彩鲜艳的布条相拼而成，呈圆心向外放射伞状。使用时需所有人员一起抓住外圈往外用力，使得彩虹伞面保持平整。常见动作及方式如下。

（1）绕圆：一般 6 人以上，手执彩虹伞边缘，形成圆形队形，可完成顺时针、逆时针恒拍行走、奔跑等移位律动。

（2）上下：在基本队形下，做向上向下举降彩虹伞的动作，落下时伴随下蹲动作；在游戏时，随着彩虹伞上升学生跑进伞下，随着彩虹伞落下做下蹲屈曲做躲藏状。除了躲在彩虹伞下，还可让儿童坐或躺在彩虹伞上，由教师操作彩虹伞完成各种体验活动。还可在彩虹伞中间放上一个较轻的球或者布娃娃等，随着上下动作，中间的物件会弹起落下。

律动与游戏案例：《小小鸡蛋把门开》

在律动游戏中能做到以下几点：

① 能听辨乐句，结合歌词完成律动游戏。

案例：视频

② 能扮演各自的角色，并完成相应的动作。

③ 能合作完成彩虹伞上升和落下的动作。

④ 能完成下蹲动作并收缩身体，在彩虹伞升起的时候起立并跑到圈外。

律动游戏描述：

前奏：4人双手执彩虹伞向上举使彩虹伞上升打开，随着落下身体下蹲成单腿跪姿势，另外4人扮演小鸡随着彩虹伞打开进入圆心下蹲躲在彩虹伞下。（模拟未出壳的小鸡）

第一乐句，小鸡蹲在彩虹伞下，外圈的人单腿下蹲或单腿跪做有节奏的左右摇头动作。

第二乐句，外圈的人起立向上合作向上举起打开彩虹伞，躲在下面的小鸡向外滚一圈起立。（模拟小鸡从鸡蛋中破壳而出）

第三乐句，外圈的人手执彩虹伞做逆时针转圈律动，4人在原地做模拟小鸡律动。

第四乐句，外圈的人手执彩虹伞继续做转圈律动，扮演小鸡的同学原地转圈模拟小鸡律动。音乐继续，可重复游戏。

在以上游戏中，彩虹伞上升打开和落下模拟小鸡破壳而出的场景，形象生动，智力与发展性障碍儿童很喜欢这样躲起来又跑出来的游戏。在游戏中，既要根据乐句完成动作，又要把握彩虹伞上升和落下的时机，能锻炼儿童合作能力、观察能力。

2. 彩色弹力绳

环形弹力绳外部用不同色彩的布料包裹，呈现与彩虹伞一样丰富的颜色。方便抓握，可做灵活多样的队形变化。

（1）绕圆：右手执弹力绳站立，可做顺时针绕圆圈移位，换方向做逆时针绕圆圈移位时需转身换手。抬起绳子身体可钻进内圈做圈内圈外转换。

（2）聚散：多人手执弹力绳向圆心聚拢再往外放射散开，因有弹性可用力拉紧感受紧张感。也可进入圆心，将弹力绳放在腰部向外散开，感受弹力绳的拉伸紧张感。

（五）打击乐器类

通过敲敲打打乐器参与音乐体验与表达是儿童喜欢并认为比较有意思的活动。儿童喜欢铃、三角铁、木鱼等乐器。作为节奏乐器，进行演奏、敲打、摇晃等动作。

1. 沙锤

有把柄方便抓握，由细小的沙子类物质填充，用不同的力度有节奏地进行左右或上下摇晃，发出有韵律的"沙沙"的声响。因发出的"沙沙"声音小不会过于干扰，更有利于智力与发展性障碍儿童使用。

2. 响板

由上下两块板组成，将响板置于一手手心，另一手有节奏地拍击上面的板，上下响板碰撞发出声响，可以通过控制拍击频率表现不同速度、节奏。

3. 响棒（节奏棒）

成对演奏，一手抓住一个节奏棒，另一手执另一根节奏棒敲击或摩擦，发出任意节奏的声音。节奏棒是帮助儿童保持稳定拍感的常用打击乐器。

4. 双响筒

一个把手，一左一右一高一低两个竹筒，有节奏地左右敲击便会发出不同音高的节奏，可以模拟走路、马蹄声等。

5. 三角铁

金属类打击乐器，由一根绳子悬挂着，一手执绳子保持三角铁基本稳定，另一手用铁棒轻轻敲击，三角铁震动发出清脆的延长音。大部分儿童特别喜欢三角铁清脆的声音，但也有部分儿童因对金属类声音过于敏感而抵触。

6. 串铃（腕铃）

一种摇铃，一般由 3～4 个铃铛固定在一个布带或皮带上，在律动时，把它套在手腕、脚踝或系在腰部，随着律动的节拍奏响。也可以套在手掌上，通过另一手有节奏地拍击震动发出声响。

7. 鼓

鼓的种类很多，不同大小、不同风格。演奏方式多样可用手指、手掌、指关节、鼓槌演奏。鼓声很振奋人心，无论是快速还是慢速击鼓，都能让人精神振奋，很受学生喜爱。鼓可以打出任何节奏，是智力与发展性障碍儿童易于掌握的一种表演形式，很多特殊教育学校或康复机构组建了非洲鼓或中国鼓表演团，我们经常可以看到智力与发展性障碍儿童热情欢快的表演。

案例　　《敲大鼓咚咚咚》

案例描述：

1. 手鼓版

准备：每人一个手鼓。

前奏：教师带学生面对面跪坐，每人各持一个手鼓成跪坐姿势。

我们来动动双手敲大鼓：由跪坐变为单腿高跪，一只手持手鼓放在立腿上，另一手抬起做准备敲鼓状。

咚咚咚，身体上上下下咚咚咚：击手鼓三下（两拍一下）。

重复一次，换单腿高跪的主力腿。

2. 大鼓版

准备：中心放一个大鼓，教师带学生以鼓为圆心围坐一圈。

我们来动动双手敲大鼓：学生用跪走向圆心。

咚咚咚，身体上上下下咚咚咚：学生共同击鼓三下（两拍一下）。

间奏：跪走绕圆一周

重复之前律动。

在以上案例中运用了手鼓和大鼓两种鼓，其中手鼓小巧适宜每人一个独立完成击鼓动作，因学生身体控制能力不足，所以采用单腿高跪将鼓放在腿上保持稳定。大鼓可在集体活动中使用，通过向圆心移动并同时击鼓提高活动兴趣。在活动中，要指导或通过动作提示辅助儿童有节奏地击鼓，通过聆听和控制完成击鼓律动，当鼓点和节奏同步时，儿童能获得更好的成功体验。

8. 铃鼓

鼓的一种，一般是 4 个或 6 个铃铛固定在手鼓的边沿，可以用手主动敲击同时发出鼓声和铃声，如果只摇动手腕那就只发出密集美妙的铃声，也可以持鼓敲击身体的任何部位，发出不同音色的鼓声和铃声。

二、辅助类器具

（一）梯背架

下肢力量不足，身体无法独立保持平衡，需要用梯背架作为辅具。使用推背架需要至少一名教师辅助。

案例　辅具与行走

案例：辅具与行走视频

儿童已有动作能力：

① 能在辅助下完成高跪走；

② 能在辅助下完成高跪和跪坐的动作转换。

辅助：梯背架，辅助老师。

律动目标：

① 能在辅具和教师辅助下按乐句进行高跪行走和原位动作的转换。

② 能在辅具和教师辅助下基本保持身体稳定。

案例描述：

梯背架在前，儿童双手放在横杆上成高跪动作，尽量要求后背挺直，康复教师在其身后辅助其保持身体稳定。

在乐句中推着梯背架往前跪走，尽量跟着音乐的节奏跪走。

在乐句中完成由高跪到跪坐的动作转换两次（康复教师辅助）。

继续跪走和停止律动。

（该案例由天台县特殊教育中心叶玲华老师提供）

（二）蹦床

蹦床可以发展智力与发展障碍性儿童的前庭能力及跳跃能力，增强下肢肌肉力量。

儿童站在蹦床上自由进行跳跃，保持平衡之后，可以配合拍手动作或者铃鼓进行跳跃，跟着音乐的节奏进行跳跃。

（三）踩踏石

踩踏石可以发展智力与发展障碍性儿童的前庭能力及协调能力，增强下肢肌肉力量。

使用描述：教师将踩踏石从低到高摆放，让儿童从低到高依次通过踩踏石，教师在旁边保护儿童安全。播放舒缓节奏的音乐，让儿童跟随音乐在踩踏石上通过。

（四）阳光隧道

阳光隧道可以发展特殊儿童的爬行能力及前庭能力。

使用描述：教师跟儿童一前一后爬过阳光隧道，为了提升儿童穿过阳光隧道的爬行速度，可以在播放音乐时让儿童爬行，音乐停止时就停止爬行。

（五）海洋球池

海洋球池可以提升对儿童肤觉刺激，降低儿童的触觉防御。

使用描述：教师与儿童一起进入海洋球池，当儿童逐渐放松之后，可以变换海洋球池内的灯光同时播放轻柔的音乐，起到降低儿童感觉防御的康复目标。

（六）负重沙袋

负重沙袋是儿童力量训练时增加阻力提升肌肉力量使用的。

使用描述：教师将 1kg 负重沙袋绑在儿童小腿处，在跟随音乐进行律动活动时可以起到提升下肢肌肉力量的康复目标。

以上案例中的律动活动是将康复训练与音乐活动的结合，用儿童喜欢的音乐推动其完成康复动作练习。在这样的活动中，根据儿童的实际情况完成律动，比如向前高跪走既可以是一个乐句也可以是两个乐句，高跪和跪坐的动作转换可以两拍一次也可以四拍一次等。该律动说明，即便是动作能力很弱的儿童，也可以在辅具和老师的帮助下参与音乐活动，也有机会聆听多种风格的音乐作品。

三、智力与发展性障碍儿童道具使用注意事项

① 不要过度使用，易分散智力与发展性障碍儿童的注意力。

② 要根据智力与发展性障碍儿童的能力水平选择适宜的教具或辅具。

③ 声响类的道具使用要评估儿童对声音属性的敏感度。

④ 声响类的道具要在儿童充分体验的基础上才使用。

⑤ 使用前教师要通过示范讲解明确道具的使用方法。

⑥ 要培养儿童使用道具的习惯，比如怎么取、怎么放等。

⑦ 要给予即兴表现的时间和空间。

⑧ 要给予合作的机会。

⑨ 使用时要注意安全，最好有助教辅助教学。

参考文献

[1] 【美】琳达·卡罗尔·爱德华兹. 音乐与律动：创造儿童的林那个一种生活方式[M]. 冯婉桢等译. 北京：机械工业出版社，2015.

[2] 金容. 动作障碍儿童训练新指引[M]. 武汉：湖北科学技术出版社，2014.

[3] 【美】克劳迪亚·伊莱亚森. 美国幼儿教育课程实践指南[M]. 李敏宜等译. 北京：机械工业出版社，2015.

[4] 左天香，徐冬晨，李小玲. 人体发育学[M]. 武汉：华中科技出版社，2019.

[5] 吴素芬，王俊龙. 知动小游戏[M]. 宁波：宁波出版社，2022.

[6] 杨立梅，蔡觉民. 达尔克罗兹音乐教育理论与实践[M]. 上海：上海教育出版社，2011.

[7] 陈泽铭. 婴幼儿音乐感统训练[M]. 上海：复旦大学出版社，2020.

[8] 方少萌. 奥尔夫音乐教学法实用教程[M]. 2版. 上海：复旦大学出版社，2019.

[9] 李宗芹. 创造性舞蹈的心体验[M]. 北京：社会科学文献出版社，2014.

[10] 陈蓉. 跟我摇摆——多元化背景下的幼儿音乐课程[M]. 上海：少年儿童出版社，2015.

[11] 陈康荣. 幼儿舞蹈训练与幼儿舞蹈创编[M]. 杭州：浙江大学出版社，2019.